> 朝日新聞の記者になりました。
> ぼくが記者になった以上は、わかりにくかったら堂々と
> 「あなたの説明じゃわかりませんっ」と
> 言ってやりますからね！

はじめに

どうも皆さんこんにちは。鷹の爪団の吉田です。

この前、母さんが島根から送ってくれたタケノコを包んでいた新聞をなにげなく読んでたら、わけがわからないことが書いてあったんです。

円安だって言ってるくせに、冷凍食品が350円から390円に値上げしたって。いやいや、どう考えても40円高くなってるじゃないですか。どこが円安なんですか。

なんだこの新聞、と思ったら朝日新聞だったんです。

朝日新聞といったら、ニューヨークタイムズや山陰中央新報と並ぶ有名な新聞じゃないですか。そんな有名な新聞が、堂々と間違った記事を出すなんて！ほかにも間違いがないか隣の記事を読んでみたら、「米中関係が悪化してる」なんていう大ウソが書いてありました。コメと中華は切っても切り離せないラブラブの関係じゃないですか！そりゃ杏仁豆腐とごはんはちょっと微妙だと思いますけど、朝日新聞の人、チャーハンも中華丼も天津飯も食べたことないんですかね。

それで朝日新聞社に「間違えてますよ」って手紙を送ってやったんです。

ついでに、「こんなに文字ばっかり載せられても全然読む気がしないし、漢字が多すぎて全然わかんないし、漫画が1カ所しか載ってないのはサボりすぎです。ばーかばーか！ ところでスイカゲームの最高得点は何点？」って書いておいたんです。

そうしたら朝日新聞社から電話がかかってきたんです。めちゃくちゃ怒られるだろうなと思ったら、電話の人が「吉田さん、うちの会社で記者として働きませんか」って言うんですよ。

いや、ぼくは世界征服で忙しいので……って断ろうとしたら、「記者としていろんな知識を身につけたら、秘密結社 鷹の爪の世界征服にもきっと役立ちますよ。関係ないですが2100点が最高得点です」なんて口説かれちゃって。なんかおもしろそうだし、記者ってよくわからないけどちょっとかっこいい気もするから、うっかりOKしちゃいました。

ということで朝日新聞の記者になりました。ぼくが記者になった以上はニュースのウソをびしばし指摘しますし、わかりにくかったら堂々と「あなたの説明じゃわかりませんっ」と言ってやりますからね！

朝日新聞記者　吉田"ジャスティス"カツヲ

登場人物・団体紹介

秘密結社 鷹の爪
（ひみつけっしゃ たかのつめ）

悪の秘密結社を名乗るが、世の中に知られまくっていて全然秘密じゃないし、悪かどうかももはや微妙。島根ではけっこう人気あるし。メンバーは総統、吉田くん、レオナルド博士、菩薩峠くん、フィリップの5人で、「人と地球に優しい世界征服」をたくらむ。マッドサイエンティストのレオナルド博士をはじめ実力は意外に高く、けっこう本格的な秘密兵器や個性的な怪人を次々に生み出すが、正義のヒーロー・デラックスファイターに邪魔されたり、総統やメンバーがマヌケな失敗をしたり、せっかくのすごい怪人がどっかの財閥に引き抜かれたりして世界征服はまったく進まない。超がつくほど貧乏だけど、今日も世界征服への熱い気持ちは持ち続けている……ような、そうでもないような。でも吉田くんの島根への愛だけは本物……のような、そうでもないような。
2006年4月、テレビ朝日での深夜放送がスタート。2012年、NHK Eテレ『ビットワールド』内で全国放送。様々な企業やコンテンツ、官公庁ともコラボレーションを行い、2017年には世界的有名キャラクター『ジャスティス・リーグ』とのコラボレーション映画『DC スーパーヒーローズ vs 鷹の爪団』を公開。活躍の場を広げてきた人気コンテンツ。

吉田くん
（本名：吉田"ジャスティス"カツヲ）
21歳　7月27日生まれ

「鷹の爪」の戦闘主任・怪人製造主任。かなりいい加減で、自由奔放。総統に忠誠心があるのか疑わしいが、いざという時には頼りになる男。島根県吉田村（現・雲南市）出身で、島根を愛している。「このままでは日本はおろか、島根まで未来が不安！」と一念発起、新聞記者になる。「記者になれば、最新のいろんな情報をキャッチできて、世界征服にも役に立つ」という野望を秘めて。

アカツキ先輩

朝日新聞社「朝ボ取材班」の先輩記者。広い知識と取材力を併せ持つ若手有望株だったが、最近はすっかり吉田くんのお世話係に忙殺され、深夜のネットゲームにストレスをぶつけている。ちなみに「朝ボ取材班」は「朝ボーっとした頭でもわかるニュース取材班」の略。年齢はトップシークレット。

レオナルド博士
（本名：レオナルド・デカ・ヴィンチ）
40歳　6月6日生まれ

マッドサイエンティスト。100円ショップに売っている商品で宇宙船を造ってしまうほどの超・天才的な頭脳の持ち主。どこから見てもクマなのだが、本人は全くそのつもりはなく、クマと呼ばれると脊髄反射的に噛みつく習性をもつ。アメリカ・テキサス州生まれ。
本書ではその頭脳を生かして「用語解説」を担当する。

総統
（本名：小泉鈍一郎）
55歳　1月1日生まれ

悪の秘密結社・鷹の爪団のリーダー。しかし、その肩書とは裏腹に臆病で涙もろく、何をやってもダメなおっちょこちょい。世界征服という野望の裏には「世界を一つにし、平和な世の中を作りたい」という願いが隠されている。団員の一人であるフィリップは実の息子なのだが、その事実を知らない。栃木県今市市（現・日光市）出身。世界進出のため朝日新聞に所属した吉田くんをあたたかく見守る。

はじめに ···································· 6

朝日新聞の記者になりました。
ぼくが記者になった以上は、わかりにくかったら堂々と
「あなたの説明じゃわかりませんっ」と言ってやりますからね！

第1章・金融と財政の経済

1　円安と円高 ···································· 18

円安って結局、いいやつなんですか　悪いやつなんですか！

◎レオナルド博士の用語解説 ···················· 23
ビッグマック指数、企業への追い風と逆風、インバウンド、農産物の輸出拡大

2　インフレとデフレ ···································· 26

ぼくが日銀に入ってお金をバンバン印刷したらどうなっちゃうんですか！

◎レオナルド博士の用語解説 ···················· 31
ジンバブエドル、金融政策決定会合、日銀総裁の交代

3　国債って何？ ···································· 34

借金を返すために借金するって、そんなの破綻するに決まってますよ！

◎レオナルド博士の用語解説 ···················· 40
MMT、骨太の方針、米国債が「埋蔵金」に

4　株って何？ ···································· 43

毎日上がったり下がったり、株価って何なんですかっ！

◎レオナルド博士の用語解説 ···················· 49
日経平均の銘柄、時価総額ランキング、株券

目次

5 NISAとiDeCo ·········· 52

銀行に預けるより投資した方が本当にお得なんですか！

◎レオナルド博士の用語解説 ·········· 60

「新しい資本主義」と「資産所得倍増プラン」、NISAが先かiDeCoが先か、
高校で金融教育

6 深刻な人口減少 ·········· 63

このままじゃ日本中が島根だらけに？　それヤバすぎますよ！

◎レオナルド博士の用語解説 ·········· 69

消滅可能性のある自治体、「高齢者」は何歳から? 合計特殊出生率0.72の韓国、
福岡県が北海道を逆転、吉田君の家族構成

7 外国人労働者の受け入れ ·········· 74

働く人が足りないなら、ちゃんと「日本で働いてください」って
お願いするべきです！

◎レオナルド博士の用語解説 ·········· 81

日本社会と移民受け入れ、韓国と日本の外国人労働者受け入れ制度、技能
実習生とブローカー、日本語能力試験（JLPT）

8 食料安全保障 ·········· 85

故郷の誇り「しまね和牛」も自給できてないなんて、言いがかりです！

◎レオナルド博士の用語解説 ·········· 91

カロリーベースと生産額ベース、植物肉、下水処理場から国産肥料

第2章・企業とテクノロジーの経済

9 巨大IT規制 ·········· 96

アップルやグーグル以外は「小作人」って、どういうことなんですか！

◎レオナルド博士の用語解説 ·········· 103

「GAFA」対米司法当局、グーグルとヤフー

10 どうなるEV … 106
EV化、主要国で日本が一番遅れてるなんてやばすぎます！

◎レオナルド博士の用語解説 … 111
合成燃料「e-fuel（イーフューエル）」、EVとBEV、日本メーカーのEV戦略

11 日の丸半導体、復権? … 114
日本の半導体はなんでこんなに世界と差をつけられちゃったんですか！

◎レオナルド博士の用語解説 … 120
日本の半導体産業、エルピーダメモリ

12 日本の宇宙開発 … 122
日本人が月に行くなら、ちゃんとウサギを見つけてきてください！

◎レオナルド博士の用語解説 … 128
ペンシルロケットからカイロスへ、ロケット打ち上げ基地、SLIMと2機の探査ロボ

13 認知症治療薬 … 132
日本メーカーが作ったすごい認知症の薬って、レレレノレでしたっけ！

◎レオナルド博士の用語解説 … 138
軽度認知障害、コロナとアルツハイマー

14 物流危機 … 140
シジミが届かないのは困るけど、運転手さんの体が心配です！

◎レオナルド博士の用語解説 … 146
ヤマトと日本郵政の協業、医療と建設業の働き方改革、自動運転

15 日本版ライドシェア … 149
その辺の車を捕まえてタクシー代わりにするなんて、自分勝手すぎます！

◎レオナルド博士の用語解説 … 156
過疎地の足、次期首相を巡る権力争い?、ダイナミックプライシング、規制改革推進会議

16 カスハラ … 159
カスハラするのは中高年男性が大半って、総統にきつく言っときます！

◎レオナルド博士の用語解説 … 166
UAゼンセン、お客様は神様です、ハラスメント

第3章・世界と環境の経済

17 SDGsって何？ 171
SDGsって、「地球に優しく」だけじゃなかったんですね！

◎レオナルド博士の用語解説 178
ESG投資、フェアトレードと人権デューデリジェンス

18 GDP世界4位に転落 180
GDP4位って日本経済はどうなっちゃったんですか！

◎レオナルド博士の用語解説 186
失われた30年、名目GDPと実質GDP、実は逆転していない？ 世界幸福度ランキング

19 急成長するインド 190
人口14億人って、カレーのニンジンをインドジンと勘違いしてませんか！

◎レオナルド博士の用語解説 197
日本企業のインド進出、西葛西、クリケット

20 中国の不動産バブル 201
造りまくって売れ残りまくりって、計画性無さすぎですよ！

◎レオナルド博士の用語解説 208
中国恒大集団、中国の人口減少、若年層の失業率、地方政府による在庫住宅買い取り

21 地球沸騰の時代 211
温暖化でイカやサンマが食べられなくなるなんて、絶対にイヤです！

◎レオナルド博士の用語解説 218
地球沸騰、1.5度目標

目次

第4章・くらしと社会の経済

22　チャットGPT　224
AIに足がないうちに全部電源を切っちゃわないと大変なことになりますよ！

◎レオナルド博士の用語解説　232
AI法、エヌビディア、Sakana（サカナ）AI

23　春闘って何?　235
物価が上がってるのに給料を上げないなんて、日本の社長はケチばかりですか！

◎レオナルド博士の用語解説　241
ベア、ジョブ型雇用、価格転嫁、消費者物価指数

24　歪むふるさと納税　245
ふるさとへの愛を訴える正直者が馬鹿をみるなんて許せません！

◎レオナルド博士の用語解説　251
泉佐野市 vs.総務省、アマゾンのふるさと納税参入

25　不動産価格高騰の深層　253
新築マンションの平均が1億円超えって、東京に住めるのは大富豪だけですか！

◎レオナルド博士の用語解説　259
四つの「土地の値段」、AI査定、変動金利と固定金利

26　自動車の型式指定問題　262
不正しておいて「制度が悪い」って言い方、ぼくはどうかと思います！

◎レオナルド博士の用語解説　269
生産停止の影響、トヨタ「グループ」、電機メーカーと自動車業界

目次

13

27　リニア中央新幹線　273

我が島根にもリニア新幹線がやってくるっていううわさ、本当ですか！

◎レオナルド博士の用語解説　280

今すぐ乗れるリニア、リニアの歴史、整備新幹線と「昭和48年組」

索引　288

参照記事一覧　292

※出典クレジットのない写真、図表は、朝日新聞社所有の写真、図表です。

この書籍は朝日新聞デジタルで連載中のアニメ『そもそも？知りたい吉田くん』の世界観に基づき、朝日新聞社IP事業部の上栗崇が執筆しました。

書籍内の発言は事実に基づいていますが、登場人物による暴走気味の感情表現や思い込み、誤解などはあくまでフィクションであり、朝日新聞社の主張や立場とは無関係です。

金融と財政の経済

第1章

1・円安と円高
2・インフレとデフレ
3・国債って何?
4・株ってなに?
5・NISAとiDeCo
6・深刻な人口減少
7・外国人労働者の受け入れ
8・食料安全保障

つづく…

1 円安と円高
円安って結局、いいやつなんですか悪いやつなんですか！

吉田：な、なんでこんなことにっ！　そんな馬鹿なっ!!

アカツキ：どうした吉田、そんなに顔色変えて。

吉田：どうしたも九段下もないですよ。島根県民にとって幻の食べ物といわれているバクバクドナルド、いわゆるバックのハンバーガーがまた値上げしたんですよっ。

アカツキ：バックが幻？　あの店はどこにだってあるじゃないか。

吉田：何を言ってるんですか。ぼくの故郷の島根県にはたったの8店舗しかなくて、神様を見たことはあってもバックは見たことがない人の方が多いという幻の店なんですよ。もしバックを食べることができたら一族全員が10年間幸せに過ごせるという伝説があるのに、こんなに値上がりしたら島根県民は不幸のどん底ですよ！

アカツキ：10年も幸せになれるなら少しぐらいの値上げは受け入れてもいい気がするが。確かに、円安の影響でいろんなモノが値上がりしたな。

18　第1章【金融と財政の経済】　1.円安と円高

吉田：円安？　円が安いなら「ビックバック」だって安くなるはずじゃないですか。ぼくはだまされませんよ。

アカツキ：**円安というのは、日本の通貨である円の価値が、外国の通貨に対して下がることだ**。たとえば1ドル＝100円なら、1ドルと100円を交換できる。それが1ドル＝110円になると、1ドルを手に入れるのにいくらかかる？

吉田：110円ですね。あ、値上がりしてます。

アカツキ：そうだ。ドルが値上がりする、逆に言うと**円の価値が低くなるから「円安」というんだ**。逆に1ドル＝100円から90円になれば、円の価値が高くなるから「円高」ということになる。2020年ごろには1ドル＝106円前後だったのが、2024年前半は主に150〜160円で推移したから、ドルがざっと1.5倍に値上がりした計算だ。ハンバーガーの原料である小麦や牛肉は主に海外から買っているから、材料費が上がってしまったんだ。

吉田：なんでそんなに円が安くなったんですか。お札に印刷されているおじ

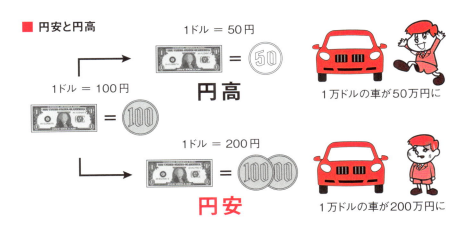

■ 円安と円高

さんやおばさんが地味すぎるからですか。

アカツキ：渋沢栄一や津田梅子に謝れ。円安が進んだ原因として大きいのは、**米国の方が日本より金利が高かったことだ**。世界中で株や不動産などに投資されているお金は、100兆ドル以上と言われていて、このお金の動きが為替を大きく動かしている。**投資家は一般的に金利が高い国でお金を運用する方が儲かりやすくて、目安となる国債の金利は一時期、アメリカの方が日本より3％以上も高かった**。だから米国で投資するため円を売ってドルに換える動きが広がったんだ。その後、日本の金利が上がったことでやや円高が進んだが、まだまだ金利差は大きい。

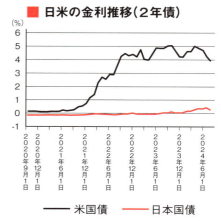
■日米の金利推移（2年債）

吉田：なんでそんなに金利が違うんですか。

アカツキ：日本では、景気をよくするために企業や個人がお金を借りやすくしようと、日本銀行が金利を低くする政策をとり続けてきた。一方で米国では、高くなっている物価を抑えようと、金利を上げてきた。日米が真逆の方向に進んだから、金利差が広がったんだ。

吉田：日本は景気が悪いから、安く見られてるってことですか。

アカツキ：意外に鋭いな。確かに、円が売られるのは目先の金利差だけが原因ではなく、**長期的に見て日本経済の国際競争力が落ちていることが背景にある**という指摘もある。

吉田：くそー、円安めー。とっちめてやる！

アカツキ：待て待て、円安は悪いことばかりでもないんだ。たとえば日本で作った100万円の車をアメリカで売るとすると、1ドル＝100円なら1台1万ドルだが、1ドル110円なら約9000ドルで売れる。日本から輸出したモノの値段が下がるので、売りやすくなるんだ。だから、**円安になると自動車、電機など輸出が多い大手企業の業績はよくなりやすい**。逆に、1ドル＝79円台まで円高が進んだ2011〜2012年ごろには、これらの輸出企業が大打撃を受けたんだ。それから、日本を訪れる外国人にとっては円安になれば日本でモノが安く買えるから、**海外からの観光客が増えるという効果**もある。

吉田：確かに観光地に外国人が溢れてるっていうニュース、毎日のように見ますもんね。結局のところ、円安はいいやつなんですか、悪いやつなんですか。

アカツキ：為替の影響を避けるため、大手メーカーは近年、海外に工場を移している例が多い。その結果、昔に比べると円安になってもメリットは小さいといわれている。また、あまりにも急激に円安が進むと、輸入に頼っている食料品やガソリンなどの値段が上がって家計への影

21

響が大きすぎる。だから政府は、急激な円安は経済に悪影響を与えると考えているんだ。

吉田：じゃあやっぱり何とかしなきゃいけないじゃないですか！ **何か円安をやっつける秘密兵器はないんですか**。

アカツキ：急激な為替の変化に対応する**奥の手として「為替介入」がある**。円安局面の場合、日本政府が自ら、貯めておいたドルを大量に売って円を買うことで円の価値を引き上げるんだ。ただ、円高になれば今度はアメリカ側に影響が出てしまうので、アメリカとの関係を悪化させることにもなりかねない。１ドル＝160円を突破していた2024年の４～５月と６～７月には立て続けに計15兆円超の介入を行ったが、これは極めて異例だ。その前にあった2022年の介入は前回から24年も間が空いていたので、今回は日本政府がかなり危機感を持っていたことがわかる。

吉田：24年ぶり、そして２年ぶりかぁ。めったに使えない秘密兵器じゃ意味が無いですね。

アカツキ：そうとも言えないんだ。実際に為替介入を行わなくても、「介入があるかも」と投資家を警戒させるだけでも、円安の進行を食い止める効果はある。警戒心をあおるため財務省の高官が報道陣に「スタンバイ（いつでも介入できる状態）だ」と伝えるなどして、介入に近い効果を狙う「口先介入」といったテクニックが使われることもある。

吉田：いちいちぼくに口先介入してくる先輩と一緒ですね。

アカツキ：それは吉田がいつもいつも昼寝してるからだ。さっさと仕事しろ。

レオナルド博士の用語解説

・ビッグマック指数

マクドナルドの定番商品「ビッグマック」の各国での価格を米ドルに換算して比較する指標だ。ビッグマックはほぼ世界共通の商品だから、その価格がそれぞれの通貨の購買力の差を表しているとされる。**英エコノミスト誌が年2回発表**してるんだ。なかなかの発明だよな、俺ほどじゃないけど。2024年7月の調査では、指数が最も高かったのはスイスの8.07ドル（1ドル＝150円換算で1211円）、2位はウルグアイの7.27ドル（同1061円）、本家のアメリカは5.69ドル（同854円）で7位。**日本のビッグマックは当時480円で、調査した54の国と地域のうち44位。同じアジアのタイや中国、パキスタン**などよりも低いんだ。

日本で暮らしてる俺たちが日本より上位の国でビッグマックを買うと「高い」と感じることになり、逆に言えば多くの国の人にとって日本は「安い国」と感じられていることになる。日本は2004年4月の指数では5位だった。円安の影響で急激に順位を落としたってことだな。

・企業への追い風と逆風

「円安はいいやつなのか、悪いやつなのか」。吉田にしてはいい質問だ。最近の状況を見ると、**日本企業全体への影響はプラス**と言えそうだ。上場企業の2024年3月期決算の合計は、最終的なもうけを示す**純利益が3年連続で過去最高**となった。

中でも円安の追い風を受けたのがトヨタ自動車をはじめとする自動車メーカーで、上場企業全体の増益額の半分近くを自動車メーカーだけで稼ぎ出

23

した。トヨタは日本企業で初めて営業利益が5兆円を超えた。電力や食品などは値上げ効果で利益を増やし、大幅な増益や赤字から黒字への転換が相次いだ。

まぁ、俺たち鷹の爪団はいつも通り極貧のままだけどな。

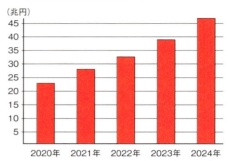
東証に上場する3月期決算企業の純利益推移（東証調べ）

・インバウンド

外国から訪れてくる旅行を指す言葉で、日本では訪日外国人旅行のことだ。反対に、海外に行く旅行はアウトバウンドと呼ばれる。インバウンドの旅行者は2019年には3000万人を超えていたが、コロナ禍で急減。受け入れ再開後は円安の追い風もあり急回復している。

観光庁によると、2023年の訪日外国人旅行消費額は5兆2923億円で、日本の国内総生産（GDP）の1%弱に相当した。また1人あたりの消費額が極めて大きく、**インバウンド8人の観光消費額が定住人口1人あたりの年間消費額にあたる**とされるため、政府は人口減少社会での経済活性策として誘客に取り組んでいる。

ただ一部の地域では、**観光客の急増に伴うオーバーツーリズム（観光公害）が問題**となっている。京都や箱根などでは曜日や時間帯によって、電車や路線バスが大混雑し、地元住民が乗りづらくなることも。写真を撮るため私有地に無断で入ったり、路上にゴミを捨てたりするマナー違反もある。山梨県富士吉田市でコンビニの前の道路に黒い幕を張ったのは衝撃的だったよな。

政府は2023年10月、「オーバーツーリズムの未然防止・抑制に向けた対策パッケージ」をまとめた。ただ、多くはこれまで実施されている取り組みである上、地域によって課題は千差万別で、実効性が課題となる。うちのフィリップは周りに迷惑なんかかけない、いいやつなんだけど……あ、あいつは島根出身か。

● 農産物の輸出拡大

円安の追い風を受ける「輸出品」は工業製品ばかりじゃない。農林水産省によると、2023年の**農林水産物・食品の輸出額は過去最高の１兆4547億円**に達した。11年連続の増加で、2021年に初めて１兆円を超えている。**海外の和食ブームを受けて日本酒やウイスキーなどの酒類や牛肉が人気だ。**輸出先では香港が前年比13.4％増、アメリカが同6.4％増などとなった一方、トップの中国は同14.6％減。中国向けの落ち込みを、円安の追い風が打ち消した形だ。

中国向け輸出の減少は、東京電力福島第一原発の処理水放出を受け、中国が2023年８月下旬から日本の水産物を全面禁輸にした影響だ。主力だったホタテ貝は輸出額が同24.4％落ち込み、産地に深刻な影響が出ている。政府は「2025年に輸出額５兆円」という目標を掲げ、輸出のための施設整備への助成や海外での販促活動など、輸出拡大に向けた支援を強化している。俺が作った怪人たちも海外に輸出してえなぁ。

2 インフレとデフレ

ぼくが日銀に入ってお金をバンバン印刷したらどうなっちゃうんですか！

アカツキ：吉田、昨日貸した1000円、覚えてるよな？

吉田：もちろんです。はい、どうぞ。

アカツキ：なんだこれは？　汚い紙に赤いマント姿のひげ面おじさんの肖像画が描いてあるぞ。

吉田：ふっふっふ、それこそがぼくオリジナルの「吉田銀行券」ですよ。日本銀行券とほぼ同じものだと考えてください。

アカツキ：こらーっ！　お札を発行していいのは日本銀行だけだし、偽札作りは重罪だぞ！

吉田：ひいっ、すみません！　でもお札を作れるのは日銀だけってずるくないですか。どんどん作っちゃえば、自分たちの給料だって出し放題じゃないですか。

アカツキ：日銀だって好き放題に紙幣を発行できるわけじゃない。**お金をたくさん印刷してしまうと、ものの値段がどんどん上がってしまう可能**

性がある**んだ。

吉田：なんでですか。**お金がたくさんあった方がみんなハッピーじゃないですか**。

ｱｶﾂｷ：そうだな。たとえば、世の中に商品がリンゴ一つしか無くて、お金は100円しかなかったとすると、このリンゴはいくらだと思う？

吉田：そりゃあ100円でしょう。

ｱｶﾂｷ：その通りだ。じゃあ、リンゴは一つのままなのに、世の中のお金が200円に増えたら？

吉田：200円ですね。あっなるほど、お金が増えるとリンゴの値段が上がるんですね。

ｱｶﾂｷ：そう。これは経済学の理論で、**貨幣数量説**というんだ。モノの値段が決まるメカニズムはもっともっと複雑だが、**「お金の流通量を増やせば物価が上がる」というこの大原則が、日本銀行が物価をコントロールする基本的な考え方になっている**。実際に、ジンバブエという国では物資が不足しているのに政府が紙幣を大量に発行した結果、たとえば１アメリカドルで買えるパン１斤が25億ジンバブエドルといったとんでもない物価上昇が起きたんだ。

27

■ **お金が増えるとモノの値段は上がる**

貨幣数量説のひとつ［フィッシャーの交換方程式］

物価×取引量（1個） ＝ お金の量×使われる回数（1回）

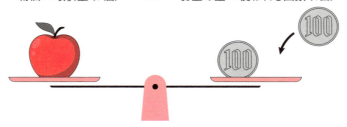

吉田：パンが25億！ それじゃあ手元のお金が増えてもうれしくないですね。

アカツキ：<u>物価が継続的に上がり続ける状態をインフレーション、略してインフレという。逆に下がり続ける状態がデフレーション、略してデフレ</u>だ。日銀はインフレやデフレが起きないよう物価を安定させるのが大きな役割で、「物価の番人」と呼ばれている。

吉田：あれ、でも日銀って確か、インフレを目標にしているという記事を読んだ気がするんですけど。

アカツキ：意外にちゃんと勉強しているな。正確に言うと、日本が1990年代から四半世紀以上もデフレに陥ってしまったから、そこから抜け出すため、2013年4月から<u>2％の物価上昇率を目指して「異次元の金融緩和」という政策を続けてきた</u>ん

■ **消費者物価指数（生鮮食品を除く総合）推移**

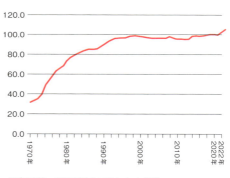

※年平均、2020年を100とした指数

だ。

吉田：二次元の金妻マンガ!?

アカツキ：さすがに無理があるだろ。さっき説明した通り、世の中に流通する
お金の量を増やせば物価が上がる。この調節のために使うのが、日
銀が他の銀行にお金を貸すときの金利である政策金利だ。それまでは、
物価を上げたいときにはこの政策金利を下げて銀行がお金を借りや
すいようにすることで、世の中に流通するお金の量を増やしていた。
だが、この従来のやり方ではデフレを抜け出せなかったんだ。

吉田：あちゃー。物価の番人としては何とかしなきゃですね。

アカツキ：そこで日銀は2016年1月から、日銀当座預金の一部の金利をゼロど
ころかマイナスにして、銀行がお金をたくさん貸し出せるように仕向
けた。これが「マイナス金利政策」だ。さらに、国債をこれまで以上
に大量に買い入れて、新たなお札を大量に発行するようにしたんだ。
日銀が政府から直接国債を買うやり方は、インフレの原因になるか
ら「禁じ手」というのが従来の経済学の常識だった。だから、まさに「異
次元の金融緩和」と呼ばれているんだ。日銀は2024年3月にマイナ
ス金利政策を終了したが、日本経済にとって、デフレ脱却は禁じ手
を破らなければならないほど深刻な問題だったということだ。

吉田：でも先輩、**なんでデフレはダメなんですか。モノの値段が下がったら
うれしいじゃないですか**。

アカツキ：物価は「経済の体温計」と言われていて、景気のバロメーターになっ
ているんだ。モノの値段が多少上がっても、それで企業の利益が増え、
働く人の賃金も上がれば、人々の消費意欲は高まる。この好循環が
いわゆる好景気だ。逆に**デフレの時代、日本経済は物価が上がらな**

い「低体温」で苦しんできた。企業は値下げ競争を続け、賃金は上げるどころか削る対象になった。モノの値段が下がっても、消費者はもっと値段が下がると考えて、なかなかモノを買わなくなってしまった。不景気が続いたことで日本企業の体力が無くなり、世界での競争に勝てなくなった。その結果、日本という国全体もどんどん貧しくなってしまったんだ。

吉田：あれ？　でも最近は物価が上がってるというニュースばかりですよね。デフレはどこにいったんですか。

アカツキ：**今の物価高の大きな原因は、輸入品の価格上昇だ**。ロシアのウクライナ侵攻で原油や小麦などの国際相場が高騰した上に、円安も進んで輸入価格の上昇に拍車がかかった。日本経済は長引くデフレに加えてコロナ禍で大打撃を受けた。そこから回復しきれず、**賃金が上がって消費が十分に回復する前に、物価だけが高くなってしまった**。賃上げを伴っていないと本当の意味でデフレから抜け出した、好景気を表す物価上昇とは言えず、**「悪い物価上昇」とも呼ばれている**んだ。

吉田：**いい物価上昇と悪い物価上昇があるんすね**。じゃあ先輩も、貸した1000円のことなんて気にしない、いい先輩になってください！

アカツキ：ふざけるな。

30　第1章【金融と財政の経済】　2. インフレとデフレ

・ジンバブエドル

ジンバブエに一時インフレ率2億3000万％以上というハイパーインフレを招いたのは、2017年に93歳で失脚したムガベ元大統領だ。白人支配からジンバブエを独立に導いた「国民の英雄」だったが、独立後37年に及ぶ長期支配の間に「独裁者」と批判されるようになった。

ジンバブエは元々、プラチナなどの地下資源が豊かなほか、タバコ、綿花などの農業も盛んで、アフリカ諸国の中では高い教育水準を誇るなど比較的安定していた。**転機となったのはムガベ元大統領が2000年代に断行した「土地改革」**だ。白人の農場を強制収用し、地元の人々に配分した結果、農業の知識や技術が十分じゃない人が農地を経営するケースも増え、主産業だった農業が荒廃してしまった。さらに欧米諸国が報復として経済制裁に踏み切ったため、経済が一気に悪化した。**政府が財政赤字を埋め合わせるために紙幣をどんどん印刷してしまったので、天文学的な物価上昇が起きたんだ。**

ジンバブエはその後、米ドルなどを通貨として使ってきたが、2024年5月には新貨幣「ジンバブエゴールド」を発行した。さて、今度はどうなることやら。

写真は、0が13個並ぶ「10兆ジンバブエドル」。今はお土産として観光客に人気らしいけど、俺はいらねぇな。

10兆ジンバブエドル紙幣

● 金融政策決定会合

<u>日銀の役割である物価と金融システムの安定を図るため、年8回、毎回2日間ずつ非公開で開かれる</u>。金利の操作などの金融政策について、日銀総裁、副総裁2人、審議委員6人の計9人の政策委員が多数決で決める。

政府の代表も出席して意見を述べることができるが、日銀の独立性を守るため、議案への投票権は与えられていない。原則として会合の6営業日後に会合での「主な意見」が、1カ月後には「議事要旨」が公表される。発言者を含む詳細な「議事録」は10年後に半年分ずつ公開される。<u>この会議に俺を呼べば、デフレなんてあっという間に吹っ飛ばせるすごい発言をしてやるぞ。</u>

この会議に俺を呼べば、デフレなんてあっという間に吹っ飛ばせるすごい発言をしてやるぞ。

● 日銀総裁の交代

2023年4月、日銀の総裁が10年ぶりに交代した。現在の植田和男総裁はマクロ経済学や金融論を専門とする経済学者。1998年から7年間、日銀の審議委員を務め、日銀が「ゼロ金利政策」を解除して金融引き締めを決めた2000年8月の金融政策決定会合で反対票を投じたことから、金融緩和に積極的な立場ともみられている。

過去の日銀総裁は、日銀と財務省(旧大蔵省)出身者でほぼ占められており、植田氏が戦後初の学者出身の日銀総裁となる。任期は5年。

日銀は2013年4月、植田氏の<u>前任の黒田東彦総裁のもとで、物価上昇率2%の目標を実現するため、大規模な金融緩和策を導入した。</u><u>大量に国債を買い入れて長期金利を引き下げ、景気を下支えすることなどを狙った</u>。だが10年に及んだ黒田氏の任期中、日銀が目指す賃金上昇を伴う形での2%の物価上昇は実現しなかった。

そんな中で総裁に就任した植田氏は最初の金融政策決定会合で、1990年代後半から25年間に及ぶ日銀の金融緩和策について効果と副作用を検証する「多角的なレビュー」（検証）をすると発表。約1年後の<u>2024年3月には、マイナス金利政策の終了を宣言した。一見デフレを克服したように見える日本経済だが、実際には長い長いデフレに苦しんだ重病人のようなもの</u>。奪われた体力を完全に取り戻すには、まだ時間がかかりそうだ。

植田総裁

黒田元総裁

3 国債って何？

借金を返すために借金するって、そんなの破綻するに決まってますよ！

吉田：着替え、お気に入りの枕、思い出のアルバム、それから……。

アカツキ：どうした吉田、大きなカバンに色々詰め込んで、旅行にでも行くのか。

吉田：あっ、見られた。先輩にだけは特別に教えてあげますけど、これは夜逃げの準備です。先輩も今のうちに準備した方がいいですよ。

アカツキ：なぜ私が夜逃げをしなくちゃいけないんだ？

吉田：さっき公園で知らないおじさんに聞いたんですけど、日本はぼくらの知らないうちに、とても返せないぐらい大きな借金を抱えてしまっているらしいんです。こうなったら借金取りに追われる前にこっそり夜逃げするしかありませんよ。

アカツキ：落ち着け吉田。日本が巨額の借金をしているのは事実で、**2023年末時点の国の借金は1286兆4520億円に達している**。ただ、私たち国民が夜逃げをする必要はないからカバンを置いて自分の仕事をしろ。

吉田：1286兆円！ 全然想像がつかないけど、とんでもない金額なんです

■ 普通国債残高の推移

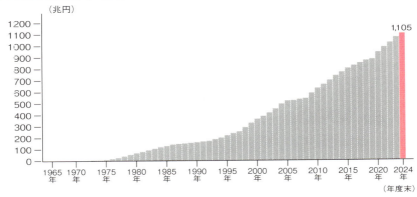

※2022年度までは実績、2023年度は補正後予算、2024年度は予算に基づく見込み

よね、きっと。

アカツキ：財務省によると、1兆円を1万円札で積み上げると高さ10キロメートル、重さは約100トンになるそうだ。その巨大な1万円札の塔が1286個だから、まさしく想像を絶する金額だな。

吉田：でも先輩、国が借金をするって、いったいどこで借りるんですか。そんなすごい金額、銀行だってサラ金だって絶対に貸してくれませんよ。

アカツキ：**国がお金を借りるときは、「国債」という債券を発行する。この国債を買った人が、国にお金を貸したことになる**。国債を持っている人は国にお金を貸している立場だから、当然利子も受け取れる。財務省のホームページで計算すると、たとえば「固定金利5年満期」という国債を10万円分買ったら、毎年約600円の利子が受け取れる。5年後には国債そのものと引き換えに10万円が受け取れるし、途中で換金することも可能だ。

吉田：うまいこと考えましたね。「お金がないから貸してください」って言

うと警戒されちゃうけど、国債は買った人が儲かるしくみになってるからどんどん売れるんですね。

アカツキ：その通りだ。**政府がどんどん国債を発行した結果、2023年末時点の国債残高(普通国債)は1043兆7786億円で、過去最大になってしまった**。これに短期の借入金などを合わせたのが、最初に言った1286兆円だ。**2024年度予算の歳入は112兆6000億円だから、家計に例えると年収の10倍以上の借金を抱えていることになる**。

吉田：年収500万円の人が5000万円の借金を抱えてるのと同じってことですね。

アカツキ：ところが、今言った112兆円の歳入のおよそ3分の1にあたる35兆4000億円は国債を売って手に入れるお金、借金なんだ。税収など実質的な歳入は77兆2000億円しかないから、その約17倍の借金を抱えていることになる。年収500万円の人なら、約8500万円の借金ってことだな。

吉田：なんでそんなにじゃんじゃんお金借りちゃうんですか。政府の人たち、「こんなに借りたらやばいぞ」って思わなかったんですか。

アカツキ：日本の官僚のみなさんはとても優秀なんだが、その頭脳をもってしても計算できない事態が起きた。2000年以降でみると、新たに発行さ

れる国債はだいたい30兆～40兆円台で推移してきた。**状況を激変させたのが、コロナ禍だ**。経済の落ち込みへの対策などに巨額の費用をつぎ込み、2020年度に過去最大となる108兆円の国債を発行した。その結果、2022年12月には初めて国債残高が1000兆円を超えてしまった。

吉田：うわぁ。街の中だけじゃなくて、国の財政も非常事態宣言だったんですね。

アカツキ：うまいが、笑える状況じゃないんだ。国債の残高が増えると、返済額も、払わなければいけない利息も増える。2024年度予算では、借金を返したり、利息を払ったりするための「国債費」が27兆円で、歳出総額の約4分の1を占めた。このお金を捻出するために、新たな国債を35兆円発行するという構図だ。日本の財政は借金を返すお金を手に入れるために借金を重ねるという、まさしく火の車状態なんだ。

吉田：しかも、返すお金が27兆円で借りるお金が35兆円って、また借金増

■ **2024年度当初予算**

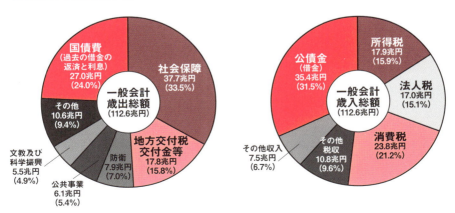

えてるじゃないですか！　そんなのいつか破綻するに決まってますよ。

アカツキ：もちろん、政府も強い危機感を持っている。吉田の言う通り、現在は借金の返済や利息の支払いに使う「国債費」よりも、新たな借金の方が多い。つまり、公共事業をしたり、行政サービスを提供したりするためのお金も一部、借金でまかなっているということだ。政府は財政再建の第一歩として、2025年度に新たな借金を国債費と同額以下に抑えることを目標にしている。これをプライマリーバランスといって、達成すれば少なくとも借金は増えず、横ばいになる。

吉田：目標を達成して、やっと横ばいかぁ。すごい額の借金を抱えた状況は変わらないわけですよね。

アカツキ：借金を減らしていくためには、国全体の「稼ぐ力」が重要になる。景気がよくてみんなが儲かり、税金がたくさん入ってくれば借金をする

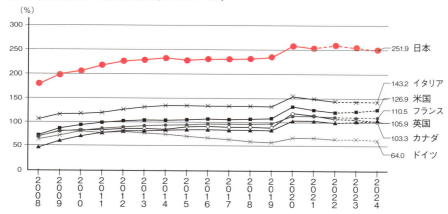

■ 主要先進国の債務残高（対GDP比）

※IMF "World Economic Outlook"（2023年10月）
※数値は一般政府（中央政府、地方政府、社会保障基金を合わせたもの）ベース。日本は、2022年から2024年が推計値。それ以外の国は、2023年及び2024年が推計値。

必要がなくなるからだ。現在、日本の国債残高はＧＤＰの約2.5倍もあって、先進国の中では最悪の状態だ。イタリアは約1.4倍、アメリカは約1.3倍で、ドイツはＧＤＰの6割ほどしかない。**日本政府は現在600兆円弱のＧＤＰを、2040年ごろに約1000兆円まで引き上げて財政再建を目指す方針を示している**。

吉田：そんなにうまくいきますかね。景気をよくして収入を増やすのも大事ですけど、無駄遣いを減らすことが先じゃないですか。

アカツキ：吉田の言う通りだ。政府が国民に借金まみれの苦境を訴える背景には、「税収が足りないから増税します」と言いたい本音がある。政府が無駄遣いをしていないか、我々もしっかりと目を光らせないとな。

吉田：よし、じゃあぼくは先輩がネットゲームや推し活に無駄遣いをしていないか、しっかり目を光らせることにします！

アカツキ：頼むからやめてくれ。

・MMT

現代貨幣理論（モダン・マネタリー・セオリー）の略。自国通貨建ての国債を発行できる国なら、インフレになるまで赤字を気にせず国債を発行し、財政支出を増やしても財政破綻は起きないとする学説だ。従来の経済学の理論とは真っ向から対立するもので、学界や財政当局の担当者らの間では異端視されてきた。

政府が発行する国債を日銀が直接買い入れることは**「財政ファイナンス」**と呼ばれ、特別な場合を除き財政法第5条で禁じられている。従来の経済学の理論では、これを認めると政府は野放図に借金を重ねることができ、各国の中央銀行（日本でいうと日銀）から市場に大量の通貨が供給されるためインフレを引き起こすと考えられてきたからだ。

ところが日本では、政府がコロナ対策などで国債を乱発し、日銀が大規模な金融緩和の名目でそれを大量に買い入れても、極端なインフレは起きなかった。MMTを唱える研究者らは、この日本の状況こそがMMTの正しさを立証していると主張する。政府は公式にはMMTを正しい理論と認めていないが、日銀とのタッグで実質的な財政ファイナンスを行っているのは事実で、与党議員らには「MMT信奉」が広がる。

多くの経済学者が鳴らす警鐘はただの杞憂で、日本経済は本当にこのまま破綻を免れ続けるのか。**日本はMMTを立証するための壮大な実験の真っただ中**にいるようにも見える。ただし、もしもこの実験が失敗に終わったとき、大きな痛手を受けるのは俺たち日本国民だ。あ、俺はアメリカ人だった。

• 骨太の方針

正式名称は「**経済財政運営と改革の基本方針**」。首相をトップとする「経済財政諮問会議」で決められ、毎年6月ごろ閣議決定される。**年末にかけて議論する予算案や経済財政運営に対する基本姿勢を示す文書**だ。

2001年、森喜朗政権が族議員の影響力を薄め首相官邸主導で予算編成を行うことを狙って、経済政策の司令塔となる経済財政諮問会議を設置した。このとき、宮澤喜一財務相（当時）が「（会議に）お願いしているのは骨太の問題を集約、提起し、予算をリードすることだ」と発言したことから、会議で決める基本方針が「骨太の方針」と呼ばれるようになった。

骨太の方針は翌年度の予算案の元になるので、各省庁やその意を受けた族議員は自身の主張を方針に盛り込もうと積極的に働きかける。その結果、近年は各省庁や与党が訴える政策がすべて盛り込まれるようになり、「骨太」という名前とはかけ離れたものになっている。電子レンジが「ピーッ」って鳴るようになって久しいのに、いまだに「チン」って呼ぶのと一緒だな。えっ、違う？

• 米国債が「埋蔵金」に

国債はもちろん日本以外の国も発行しており、日本政府も海外の国の国

41

債を保有している。中でも**大量に保有しているとみられるのが、アメリカ政府が発行する米国債**だ。

為替介入などに備えて外国のお金を保有しておく**「外国為替資金特別会計」の残高は、2024年4月末時点で1兆2789億ドル（約200兆円）あり、中国に次ぐ世界2位の規模**。このうち8割は米国債などの証券が占める。細かな内訳は明らかにされていないが、円高だった時代に買った米国債は、昨今の円安で莫大な「含み益」が出ているのではと指摘されている。たとえば1ドル＝80円のときに買った1億ドルの米国債を1ドル＝160円で売れば、80億円の利益が出る計算だ。

国会では「埋蔵金」となっている米国債を売却して、子育て支援や物価高対策に充てるべきだとの指摘も出ている。米国債を大量に売りに出すことが米国の金利低下につながり、結果的に円安対策になるという指摘もある。

外貨準備から得られた利益は、7割を翌年度の予算（一般会計）に繰り入れるルールがあり、これまでも実際に使われている。たとえば2023年度は3兆4000億円の剰余金が見込まれ、うち2兆円を2024年度予算に繰り入れる。2023年度には、防衛力強化のための増税に代わる財源として、外貨準備からの利益1兆2000億円が充てられている。

よその国の国債を山ほど持ってるってことは、その国にお金をたっぷり貸してるのと同じだよな。自分が借金まみれの日本に、そんな余裕あるのか？

4 株って何?
毎日上がったり下がったり、株価って何なんですかっ!

吉田:上がれー! もっと上がれー!
アカツキ:どうした吉田、大根なんか振り回して。
吉田:やだなぁ先輩、これはカブですよ。なんだかカブがはやってるっていうから、値上がりしたら転売しようと思って近くのスーパーで買ってきました。
アカツキ:たちの悪い商売はやめろ。それに今みんなが注目しているのは野菜のカブじゃなくて、株式の方だ。
吉田:カブシキ?? カブ入りのピロシキですか。
アカツキ:「株式会社」は聞いたことあるだろう? その「株式」だ。**株式会社は投資家からお金を集めて事務所を作ったり工場を建てたりするわけだが、お金を出してくれた人に渡すのが株式**。略して**株**だ。株を持っている人は、その**株数に応じて会社が儲けたお金を受け取れる**んだ。これが**「配当」**だ。

■ **株式会社のしくみ**

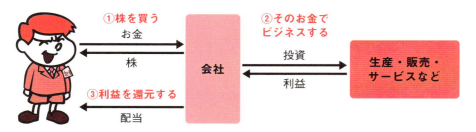

吉田：持ってるだけでお金がもらえるなんて、うらやましすぎるじゃないですか！

アカツキ：そして株は売ったり買ったりできる。株を買った会社が業績を伸ばせば、何倍もの値段で売れることもある。ただし値下がりすることもあるし、会社の経営がうまくいかずに倒産したら無価値になってしまうことだってある。

吉田：やっぱりいい株を買わなきゃ、なんですね。で、どこに行けば買えるんですか。

アカツキ：一般の投資家が株を買う場合、証券会社に取引口座を作って、「株を買いたい」と注文する必要がある。実際に株を売買しているのは証券取引所というところで、日本では**「東証」と呼ばれる東京証券取引所が代表的**だ。証券会社はお客の注文を受けて、この取引所に売買の注文を出すんだ。

吉田：ぼくが大好きなテトラポットを作っている「マガイモノ本舗」の株は売ってますか。

アカツキ：**一般の個人が売買できるのは、証券取引所に上場している株**だ。上場というのは、「一定規模の利益があり、経営体制もしっかりしてい

る」などと取引所に認められて、取引所での売買を認められることだ。マガイモノ本舗は、残念ながら上場していないようだな。

吉田：なんで上場できないんですか。

アカツキ：経営がきちんとしていない会社が株を発行してお金を集めたら、無駄に使ったり、あっさり倒産したりする可能性があるだろ。そういう会社の株の売買を簡単に認めたら、取引所は信用を失って、投資家が集まらなくなってしまう。上場は、一定のレベルに達した会社と社会的に認められた証しともいえる。

吉田：確かに、マガイモノ本舗とはこのところ音信不通だからなぁ。で、株っていくらぐらいするんですか。

アカツキ：**株の値段は、取引所で毎日決まる**。その株に人気があって「もっと高くても買いたい」という人が多ければ値段は上がるし、人気が無ければ下がる。こうして付いた株の値段が、株価だ。業績のいい会

■ 日経平均株価　各年の最高値

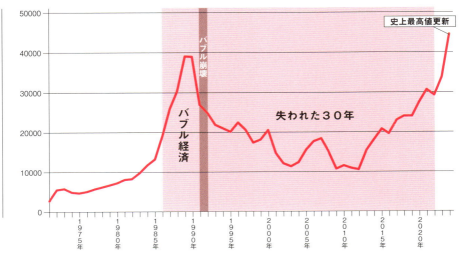

社が多いといろんな株に人気があって株価が上がるし、業績が悪い会社が増えたり、先行きに不安が広がったりすると下がるんだ。

吉田：そういえば以前、<u>「株価が史上最高値」</u>っていうニュースを見た気がします。

アカツキ：2024年3月4日に日経平均株価が初めて4万円を超え、7月11日には4万2000円台まで上がった。日経平均はバブル経済末期の1989年末に3万8915円まで上昇したあと低迷が続いていたけど、2010年代半ばからじりじりと値を上げて、ついにバブル期の水準を超えたんだ。ただ、その後は米国の景気減速への不安などから、大幅に下落する動きも出ている。

吉田：ちょっと待ってください。ニッケーヘイキンってなんですか。

アカツキ：<u>日本の全上場企業は約4000あるんだが、その中でも日本を代表するプライム市場の大企業225社の株価をもとに算出した指数</u>だ。日本企業全体の好不調を知る目安にするための数値なんだ。日経平均が上がれば、株式市場全体が好調という見方ができる。

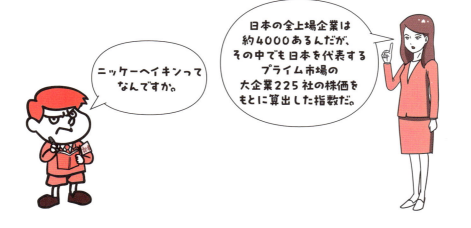

46　第1章【金融と財政の経済】　4. 株って何？

吉田：ニッケイっていうのは、ぼくたちのライバルの日経新聞のことですか。

アカツキ：そうだ。平均株価は1950年に東京証券取引所が算出を始め、1970年に日本経済新聞社が引き継いだ。225社は日経新聞が選んでいて、定期的に入れ替えも行われている。ちなみに**米国の「ダウ工業株平均」も、大手メディアの「ダウ・ジョーンズ」に由来している**んだ。

吉田：でも先輩、**約1800もあるプライム市場の上場企業のうち225社だけの平均じゃ、全体のことがわからないんじゃ……**。

アカツキ：おっ、鋭いな。実は、**株式市場の現状を表す指標としてもう一つ、東証株価指数（TOPIX）**というものがある。TOPIXはすべての上場企業の株式の価格と株数をかけた時価総額をもとに算出され、1968年を100として、どれぐらい上昇・下落したかをポイントで表しているんだが、いま新しい市場区分への対応期間で、見直しが進んでいる。

吉田：じゃあみんなTOPIXを使えばいいじゃないですか。

アカツキ：TOPIXと日経平均にはそれぞれ特徴があるから、そんなわけにもいかない。**TOPIXは幅広い銘柄を対象にしているから株式市場全体の動きを反映しやすい半面、特定の大企業の株価に左右されやすい面もある**んだ。

吉田：なんでですか。

日経平均とTOPIXを表示する株価ボード

アカツキ：ＴＯＰＩＸのもとになっている時価総額は、企業が発行している株の価格と、株式の総数をかけたものだ。ある会社の株をすべて買えばその会社を丸ごと買ったことになるわけだから、**時価総額は言い換えると「企業の値段」**ともいえる。

吉田：ぼくが応援してるマガイモノ本舗の時価総額は3000円ぐらいですかね……。

アカツキ：あまり買いたくないな。当然だが、規模や儲けが小さな企業ほど時価総額は安く、大企業は高くなる傾向がある。ＴＯＰＩＸは基本的にはすべての上場企業の時価総額の合計をもとにしているから、大企業の株価が変動すると大きく変動するし、時価総額が安い企業の株価は全体に影響を与えにくいんだ。

吉田：じゃあやっぱり日経平均がいいんですか。

アカツキ：そうとも言い切れない。日経平均は元々一部の株の値動きだし、株価をもとに算出しているから、こちらは会社の規模というより株価が特に高い一部の株の値動きに大きく引っ張られる傾向がある。実際、上場している全銘柄の半数以上が値下がりしているのに、日経平均が上がるなんてことも珍しくないんだ。

吉田：うーん、日経平均やＴＯＰＩＸの動きに惑わされず、一つ一つの企業をよく見なきゃいけないってことですね。よし、株のことが少しわかってきたので早速買いに行ってきます！

アカツキ：あ、先に言ってやればよかったんだが、うちの会社では、記者の株売買は社内規定で禁じられてるんだ。残念だな。

吉田：えーっ⁉　こんなに勉強させておいてひどいじゃないですか。先輩の株、大暴落ですよ！

・日経平均の銘柄

日経平均株価を構成する225銘柄は、春と秋の年2回入れ替えが行われる。最も重視されるのは「流動性」で、東証プライム市場に上場しているうち、売買金額が大きく、売買に応じて価格が柔軟に変動している銘柄の中から選ばれる。いわば<u>「日本を代表する人気株」とお墨付き</u>をもらうわけだから、日経平均の225銘柄に選ばれた株は大きく値上がりし、逆に外されると値下がりする傾向がある。

業種ごとのバランスも考慮するので一概には言えないが、その移り変わりは日本経済の変化を映す鏡にもなっている。2023年に新たに日経平均入りしたのは、オリエンタルランド、ルネサスエレクトロニクス、日本航空、ニトリホールディングス、レーザーテック、メルカリの6社。外れたのは東洋紡、日本軽金属ホールディングス、東邦亜鉛、日本板硝子、三井E＆S、松井証券だった。

いつか俺たち鷹の爪団も上場して、日経平均に選ばれたいもんだ。

・時価総額ランキング

<u>ある企業の株価に発行済みの株式数をかけたのが時価総額</u>で、いわばその企業の値段だという話には本文でも触れた。バブル経済絶頂期だった1989年には、時価総額の世界ランキング1位がＮＴＴ、2～5位が日本興業銀行、住友銀行など日本の銀行、6位にやっと米国のＩＢＭが入るという状況で、<u>日本企業が世界トップ10のうち7社</u>を占めていた（1989年7月、ダイヤモンド社調べ）。

■ 時価総額世界ランキング

1989年7月			2024年7月	
NTT	日本	1	アップル	アメリカ
日本興業銀行	日本	2	マイクロソフト	アメリカ
住友銀行	日本	3	エヌビディア	アメリカ
富士銀行	日本	4	アルファベット	アメリカ
第一勧業銀行	日本	5	アマゾン	アメリカ
IBM	アメリカ	6	サウジアラムコ	サウジアラビア
三菱銀行	日本	7	メタ	アメリカ
エクソン	アメリカ	8	バークシャー・ハサウェイ	アメリカ
東京電力	日本	9	イーライリリー	アメリカ
ロイヤル・ダッチ・シェル	イギリス	10	ブロードコム	アメリカ

ところが2024年7月末のランキングでは、1位アップル、2位マイクロソフトなど米国勢がトップ10のうち9社を占めた。日本企業は最上位のトヨタ自動車が36位で、ほかの日本企業はトップ50にも入れなかった。アジア勢では台湾積体電路製造（TSMC）が12位、中国のテンセントが19位、韓国のサムスン電子が21位、中国の中国工商銀行が32位でトヨタを上回っている。円安の影響があるとはいえ、日本企業の地盤沈下は深刻だ。

俺たちも拠点を日本からアメリカに移した方が、世界征服が近づくかな。

• **株券**

「株式」と聞くと、「証券会社の窓口で人相の悪いやつがアタッシェケースから株券を取り出して……」なんていう映画の場面を思い出す人もいるかもしれない。でも実は、上場企業については2009年に紙の株券が廃止され、全面的に電子化されている。

株はデータの形で保存されており、証券会社同士が株を売買すると証券保管振替機構（ほふり）という機関を通じて、データが移動する。お金を振り込んだときに実際に現金が送られるわけではなく、銀行同士でデータをやりとりするのと同じだ。銀行に口座がないとお金を振り込んだり振り込まれたりできないのと同様、上場株の取引を行うには証券会社の口座が必要だ。

株券って「政治家が賄賂として受け取るモノ」っていうイメージ、ないか？　上場株に関しては、あれはもうフィクションなんだなぁ。

電子化作業のため山積みにされる株券＝2008年9月

5 NISAとiDeCo
銀行に預けるより投資した方が
本当にお得なんですか！

吉田：困ったなぁ。どうすればいいんだろ。

アカツキ：お、なにやら資料とにらめっこして珍しく仕事してるのか……と思ったら、証券会社のチラシか。

吉田：さっき商店街を歩いてたら、優しそうなお姉さんがこのチラシをくれて「今すぐ『兄さんのおでこ』を始めなきゃだめですよ」って教えてくれたんですよ。でもぼく、長男だから兄さんはいないし、おでこと言われてもどうしたらいいのか。

アカツキ：それはたぶん**「NISA（ニーサ）とiDeCo（イデコ）」**だな。どちらも政府が国民に投資を勧めるため、投資後の利益には課税しないという制度だ。特に**NISAは2024年から大きく制度が変わったのをきっかけに、新たに始める人が増えている**そうだ。

吉田：なんですか、それ。長男でもできるんですか。

アカツキ：NISAは英国のISAという制度がモデルで、その日本版だから

頭にNをつけたものだ。株式などを売り買いする際は通常、儲けた金額に約20%の税金がかかる。たとえば、50万円で買った株を60万円で売ると、利益の10万円から税金約2万円が引かれる。NISAはこれが非課税となって、手取り額が増える制度なんだ。

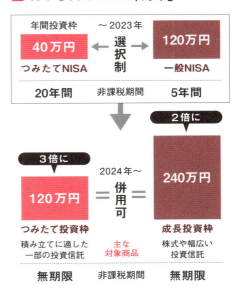

吉田：制度が変わったって、何が変わったんですか。

アカツキ：大きく分けて三つの変化があった。一つは**投資できる上限額がこれまでの年間120万円から360万円に増えた**こと。生涯枠も1800万円へ拡大した。二つ目はこれまで**2042年までだった非課税の期間が無期限になった**こと。三つ目はこれまでは同時に使えなかった**「一般」と「積み立て」という二つのしくみを同時に使えるようになったこと**だ。岸田文雄政権が掲げた「資産所得倍増プラン」の目玉で、お金の流れを「貯蓄から投資」へと進めるねらいがある。

吉田：はっきり言って、全然わかりません。もう何がわからないのかさえわからなくなってきました。

アカツキ：そうだな、**NISAというのは、自分が買った投資商品を入れてお**

くための二つの「**財布**」だと思えばいい。その財布に入れておけば、税金がかからないからお得なんだ。一つ目の財布は、毎月など定期的に買い続ける「**つみたて投資枠**」。こっちには運用法や手数料などの一定基準を満たした投資信託という商品を、年120万円まで入れられる。もう一つの財布は、「**成長投資枠**」。こちらは買う商品をより自由に選べて、幅広い投資信託や上場株式を年240万円まで購入できるんだ。

吉田：なるほど、財布かぁ。ちょっとわかってきましたけど、投資信託ってなんですか。

アカツキ：おっ、興味が出てきたじゃないか。**投資信託とは、わかりやすく言うと色々な銘柄の株式などを詰め合わせたパッケージ商品**だ。たとえば、日経平均株価を構成する225社をまとめ買いする商品や、米国の主要企業に広く投資する商品などがある。何社もの株式の価値を自分で見極めて買うのは大変だし、買った株が暴落するおそれもある。投資信託は運用を担当する会社が幅広い株式などをまとめ買いして運用してくれるから、**特定の株の価値が下がっても大きな影響を受けずに済むのが利点**だ。

吉田：投資信託を買ったときは、二つの「お財布」のどっちに入れてもいいんでしたよね？

アカツキ：**「つみたて投資枠」に入れておける投資信託は、長期の資産形成に適したもの**だ。利回りは多少低くても、リスクが小さい商品が多く、米国の幅広い大企業の株式に投資する商品や、全世界の株式に分散投資する商品の人気が高い。一方、**「成長投資枠」にはもう少しリスクが高く利回りも高い投資信託を入れておけるほか、個別の株を買っ**

■ **投資信託とは**

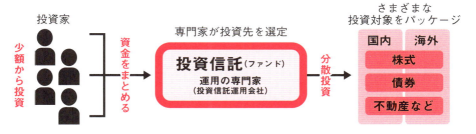

　　て入れておくこともできる。

吉田：銀行に預けておくより、NISAの方が本当にお得なんですか。そんなこと言ってぼくのお小遣いをだまし取ろうとしてるんじゃないんですか。

ｱｶﾂｷ：そういう警戒心を持つのは大切なことだ。銀行は預けたお金が確実に返ってくる半面、金利がとても低い。一方、NISAは銀行より金利が高くなることもあるし、損をしてしまうこともある。損をしても生活に困らないだけの余裕資金があるかなど、お金をめぐる状況

55

は人それぞれ。投資するかどうかは吉田個人が決めることだ。

吉田：あ、でもさっきチラシをくれたお姉さんが「みんなどんどん始めてます」って言ってましたから、ぼくも始めないと。

アカツキ：そのお姉さんにも少し警戒心を持った方がいいと思うが、ＮＩＳＡが新しくなって、投資を始める人が増えているのは事実だ。制度自体のお得さに加えて、日経平均株価が史上最高値を更新するなど株式市場が好調なことも追い風になった。そして、日本全体がデフレから抜け出し、インフレに向かっていることも大きな要因だ。

吉田：株がすごく上がってる、というのはあのお姉さんも言ってました。でもデフレやインフレと投資に何の関係があるんですか。先輩、やっぱりぼくのことだまそうとしてますね？

アカツキ：なぜ見ず知らずのお姉さんを信じて私のことは疑うんだ。いいか、これまでの日本はデフレが続いてきたから、モノの値段は下がるか、横ばいのことが多かった。ところが今はインフレが進みつつあり、いろんなものが値上がりしている。吉田が１万円を１年間銀行に預けても、利息はほぼゼロ。その間にインフレでモノの値段が上がったら、１年前なら１万円で買えたものが買えなくなってしまう。だから物価上昇に負けないよう、預金ではなく投資でお金を増やそうという考えが広がっているんだ。

吉田：まぁぼく、１万円も手元にあったらすぐに使っちゃいますけどね。本当のところ、投資ってどれぐらいの人がやってるんですか。

アカツキ：日本証券業協会によると、2021年の調査で株を持つ人は全体の13.6％、投資信託を持つ人は10.8％いた。この数字は前回調査した2018年度から大きく変わっていないそうだ。株の保有理由は「配当」

56　第1章 【金融と財政の経済】　5. NISAとiDeCo

「株主優待」目当てが多く、投信は「長期の資産運用」「定期的な分配金」が目立っている。逆に投資をしていない人に理由を聞いたところ、最も多かったのは「興味がない」、次は「十分な知識がない」だった。

吉田：ぼくと一緒ですね。興味は少し出てきましたけど、実際どれぐらいの人が儲かってるんですか。

アカツキ：2023年3月末時点で金融庁が集計したところ、金融機関で投信を持つ顧客の68％の運用損益がプラスだった。2022年は79％とさらに高かったが、新型コロナで株式相場が急落した2020年は全体の29％しか儲かっていなかった。このように投資の損益は波が激しいので短期の損益にこだわらず長い目でみる必要があるし、リスクに備えて資産を集中させず、多くの商品に分散投資することも大切だ。

吉田：けっこう浮き沈みが激しいんですね。ところで、さっき言ってたうちのもう一つ、おでこの方はどうなってるんですか。

アカツキ：ｉＤｅＣｏな。**ｉＤｅＣｏは投資というより、年金に近い性格**だ。ＮＩＳＡは教育費や住宅費などまとまったお金が必要になったときに現金にかえられるが、**ｉＤｅＣｏは原則的に60歳までお金を引き出せない**。株や投信などの投資商品だけでなく、定期預金や保険商品など、より金利が低く安全性が高い商品も選べる。ＮＩＳＡとｉＤｅＣｏは両方を同時に使うこともできるから、手元のお金を上手に配分することが大切だ。

吉田：ぼくは老後のことまで考えてる余裕ないから、ＮＩＳＡをやってみることにします。さぁ、まず何から始めればいいですか。

アカツキ：ＮＩＳＡを始めるには、ＮＩＳＡを扱う約700の金融機関で口座を作る必要がある。国内に住む18歳以上の人なら作れるが、**通常の預**

<u>金口座や証券口座と違って1人1口座しか持てない</u>。あと、金融機関によって買える商品やサービスに違いがあるので、よく考えて選ぶ必要がある。

■ ＮＩＳＡを始めるには

口座開設は 1人1金融機関	投資できる商品が違う	
	投資信託	株式・ETF
銀行	○	×
証券会社	○	○

吉田：同じＮＩＳＡなのに、金融機関によって何が違うんですか。

アカツキ：ざっくり言うと証券会社か、銀行かで買える商品の種類が大きく異なる。証券会社でＮＩＳＡ口座を作れば、国内外の個別株や上場投資信託（ＥＴＦ）、投資信託を買える。一方、銀行は個別株とＥＴＦを扱っておらず、投信の種類も絞られている。幅広い金融商品から選びたいなら証券会社で口座を作った方がいいだろう。

吉田：やっぱり、あのお姉さんの証券会社で申し込むのが一番ですね。これは運命の出会いかもしれません。

アカツキ：待て待て、銀行にもメリットがあるぞ。取り扱う商品の安全性が高く、先ほど話した2023年3月末時点の調査では、メガバンクなど主要13銀行の平均は71%の顧客が損益プラスだったのに対し、証券会社63社の平均は59%だった。ほとんどの人が元々預金口座を持っていて身近だし、店舗も多いので、吉田のように「投資なんてやったことありません」という人でも窓口で相談しやすい。初心者向けに電話やＬＩＮＥで相談できたり、店舗でセミナーを開いたりしている銀行もある。

吉田：銀行か証券会社か、そこが問題なわけですね。でもぼくはあのお姉さんを信じて、お姉さんの証券会社でＮＩＳＡ始めてみます。何を用意すればいいんですか。

アカツキ：口座開設の申込書に記入し、マイナンバーカードなどの本人確認資料と併せて金融機関に提出する。その後、税務署の審査を経て口座が開かれる。ネットだけで手続きが完結する会社もあるから、手軽に始めたいならおすすめだ。

吉田：申込書はさっきお姉さんからもらったチラシの裏面にありました。あとは本人確認資料ですね。

アカツキ：吉田ちょっと待て。そのお姉さんの証券会社の社名、見せてみろ。

吉田：ここに書いてあります。「ラブ♡ラブ♡小悪魔証券」です。

アカツキ：いや、それ絶対に詐欺だろ。

•「新しい資本主義」と「資産所得倍増プラン」

「新しい資本主義」は、2021年秋の自民党総裁選に立候補した岸田文雄氏が掲げていたスローガン。市場や自由競争に任せる1980年代以降の新自由主義で中間層が細り、国民の所得格差が広がったという反省から、安倍晋三、菅義偉両政権とは異なる所得分配重視の姿勢を示し、独自性を出す狙いがあった。

首相になった岸田氏は当初、株式の売却益など金融所得への課税を強化しようと意気込んだが、投資家の間で増税への警戒感が高まり、「岸田ショック」と呼ばれる株価下落を招いた。結果、目玉だった金融所得課税の強化は早々に封印された。

そんな中、2022年5月にロンドンの金融街・シティーでの講演で突然出てきたのが「資産所得倍増プラン」だ。日本の個人の金融資産2000兆円の半分以上が預貯金や現金で保有されているとし、「貯蓄から投資へのシフトを大胆に進め、投資による資産所得倍増を実現する」と宣言。ＮＩＳＡの拡充などで「眠り続けてきた1000兆円単位の預貯金をたたき起こし、市場を活性化するための仕事をしてもらう」と力説した。

しかし、金融所得に課税して低所得層に分配する「新しい資本主義」と、資産を投資に回すよう促す「資産所得倍増」は真逆の方向性であり、はっきりと矛盾する。いったんダメとなったら臆面も無く180度姿勢を転換するこのやり方、俺は恥ずかしくてとてもできないが、けっこうすごいことだよな。

・NISAが先かiDeCoが先か

どちらも政府お墨付きで、どちらも税金が優遇されるNISAとiDeCo。両方使えると言ったって、手持ちの金には限りがある。iDeCoは職業や勤めている会社の年金のしくみによって上限が決まっており、基本的には年金が充実しているほど低い。そのため、勤め先で企業年金に加入しているなど年金が手厚い人はNISAを、自営業者などで厚生年金や国民年金しか受け取れないという人はiDeCoを優先した方がよさそうだ。

なお、**iDecoは最初の掛け金を拠出してから10年以上が経過しないと老齢給付金を受け取れないので、たとえば65歳から受け取りたいならその10年前には拠出を始める必要がある**。吉田はNISAを選んだが、やつは今新聞社の社員だから正しい選択ってわけだな。生意気にも。

・高校で金融教育

2022年4月に高校の新学習指導要領が始まり、金融に関する授業が充実した。家庭科では、収入と支出のバランスの重要性など家計の適切な管理とともに、株や債券といった金融商品の特徴など、資産形成について

も学ぶようになった。公民科では、個人の資産形成が社会にどう貢献するかなどを教わる。同時期に成人年齢が引き下げられ、18歳からクレジットカードを作るなど様々な契約ができるようになり、お金に関する知識や判断力を指す「金融リテラシー」の重要性が高まっている。しかし、先生だって学校で金融のことなんて習ってないわけだよな。いきなり生徒に教えるのは、大変だな。

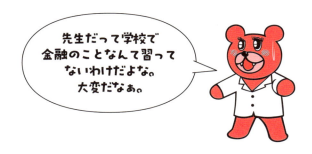

6 深刻な人口減少

このままじゃ日本中が島根だらけに？
それヤバすぎますよ！

吉田：大変です！　日本人がどんどん減ってるらしいです。きっと夜な夜なＵＦＯに連れ去られて、宇宙人の食料にされてるんですよ。

アカツキ：日本人が減っているのは事実だが、原因は宇宙人じゃなくて少子化だ。

吉田：小シカ⁉　なんで小さいシカが関係あるんですか。大きいシカの方がたくさん連れ去れるし、角とか目とかが宇宙人っぽいじゃないですか。

アカツキ：宇宙人もシカも忘れろ。日本では、生まれてくる子どもの数が減っていて、2023

■ **日本の人口推移（億人）**

年	人口
1850	0.31
1900	0.44
1950	0.84
2000	1.27
（2008年にピーク）	1.28
2050	1.02
2100	0.75

63

年に生まれた子どもの数は75万8631人で過去最少だったんだ。減少は8年連続だ。初めて100万人を切ったのが2017年だから、ものすごいペースで子どもの数が減っていることがわかる。厚生労働省の国立社会保障・人口問題研究所は、この状況が続くと**日本の総人口は2070年に現在よりも約3割少ない8700万人まで減ってしまい、その1割が外国人**になると推計している。

吉田：3割も！　でも先輩、なんで子どもが減ると人口が減るんですか。大人が頑張って長生きすればいいじゃないですか。

アカツキ：吉田が頑張って長生きしても、ご両親の方が先に亡くなる可能性が高いだろう？　ご両親が亡くなったとき、もし吉田が一人っ子だったら、2人の人間から1人しか生まれていないから人口は減ってしまう。

逆に3人きょうだいなら、人口は増える。男性は出産できないから、言い換えると女性が一生の間に何人の子どもを産むかで人口の増減が決まる、というわけだ。この考え方を**合計特殊出生率**といって、**平均して1人の女性が生涯に2.08人の子どもを出産すると、人口は増えもせず減りもせず維持されていく**と考えられているんだ。

吉田：うちの父さんはもう亡くなってますけど、ぼくには弟が2人い

■ 212の国・地域の合計特殊出生率（2021年）

1	ニジェール	6.82人
2	ソマリア	6.31人
3	チャド	6.26人
4	コンゴ民主共和国	6.16人
5	中央アフリカ	5.98人
⋮	世界平均	2.27人
197	日本	1.3人
⋮		
202	中国	1.16人
⋮		
208	台湾	0.98人
⋮		
211	韓国	0.81人
212	香港	0.77人

※世界銀行調べ

るから吉田家だけでみると人口は増えてるわけですね。

アカツキ：そうだな。**日本全体でみると2023年の合計特殊出生率は1.20程度だったから、今後人口が急激に減っていく**という推計になるわけだ。ちなみに、2021年は1.30で、世界212の国や地域の中で197位だった。お隣韓国の0.81や中国の1.16は上回っているものの、世界的にみてもかなり低い水準だ。

吉田：うわぁ、やばいですね。でもなんで日本じゃ子どもが生まれないんですか。近所の公園のハトの子はいっぱい生まれてるのに。

アカツキ：理由はたくさんあるが、結婚する人が減っていることもその一つだ。日本では結婚した夫婦が子どもを持つケースが多く、結婚する人が減ると子どもも減る。2023年の婚姻数は48万9281組で、戦後初めて50万組を割った。若い世代の人口が減っていることに加え、社会で活躍し続ける女性が増えていること、「ある程度の年齢になったら結婚するのが当然」といった昔ながらの考え方が薄れていること、正社員と非正規雇用の収入格差が広がり経済的な理由で結婚に踏み切れない人が増えていることなどが原因とみられている。結婚したとしても、経済的な理由や夫婦ともに仕事を続けることを重視して子どもを持たないケースも多い。

吉田：そっかー、ハトと違って人間の子どもを育てるのはお金も手間もかかりますもんね。でもこのままじゃどんどん人口が減って、日本中がぼくのふるさとの島根県みたいに人がいなくなっちゃいますよ。

アカツキ：政府も何も手を打っていないわけじゃないんだ。2023年には岸田文雄政権が、毎年3.6兆円程度をかけて児童手当を拡充したり、3人以上の子を育てる世帯の大学授業料と入学金無償化などを実現した

りする「異次元の少子化対策」を打ち出した。2030年代に入ると若者人口の急減が見込まれ、それまでに少子化の傾向を反転させないともう人口減を止められないとみられており、政府は「2030年までがラストチャンス」と強調している。ただ、これらの対策も専門家からは「少なすぎるし、遅すぎる」と指摘されているんだ。

吉田：わ、ぼくの仕事と一緒じゃないですか。

アカツキ：自覚があるなら改善しろ。実は、政府が少子化を深刻な問題と認識したのは今から30年以上前の1990年だった。この前年の1989年、合計特殊出生率が1.57で過去最低を記録したんだ。このときすぐに大規模な少子化対策を講じていたら、人口減少を食い止められた可能性もあった。ただ、政府は戦時中に「産めよ、増やせよ」と旗を振った反省から、出産という個人的な問題に積極的に関わることをためらってきたという面がある。現在はそんなことを言っていられないほど危機的な状況にあるわけだが、それでも日本が少子化対策にかけてい

る費用を国内総生産（ＧＤＰ）比でみると、世界に先駆けて少子化対策に取り組んできたフランスやスウェーデンの半分程度にすぎない。

吉田：そりゃ少ないですね。遅すぎるって言いますけど、今対策するといつごろ効果が出るんですか。

アカツキ：仮に岸田政権の少子化対策で出生率が急回復したとしても、人口はしばらく減り続けるんだ。親となる世代がすでに少子化で少なくなっているためで、人口が安定するのは数十年先になる。かといって何も手を打たず、出生率が低いままだと親より子、子より孫……とどんどん出生数が減ってしまい、人口はあっという間に急減してしまう。状況は「待ったなし」だ。

吉田：でも先輩、なんで人口が減ったらダメなんですか。ラーメンだっておそばだって、量が多けりゃいいってもんじゃないですよ。

アカツキ：たしかにな。「日本の人口は１億2000万人」というイメージがあるが、**実は江戸時代から明治時代は3000万人ほどで安定**していた。人口が急増したのは昭和に入ってからで、初めて**１億人を超えたのは1967年と比較的最近**なんだ。ちなみに、**2070年に予想されている8700万人という人口は、日本でテレビの本放送が始まった1953年と同水準**だ。

吉田：じゃあ別に少子化対策なんかしなくてもいいじゃないですか。島根は人が少ない分、自然が豊かでトリケラトプスやモモンガがのびのびと暮らしてますよ。

アカツキ：島根の自然が豊かなのはすばらしいが、**一番の問題は年金などの社会保障制度**だ。1975年には7.7人の現役世代で１人の高齢者を支えていたが、2050年には1.4人で１人の高齢者を支える計算だ。現役世代の負担が重くなりすぎ、このままでは制度を維持できなくなる。

また人口が減ると経済規模も小さくなって、ＧＤＰなどの経済力を含めた国の力も低下してしまう。食料やエネルギーの多くを海外から買わざるを得ない日本にとって、経済力の低下は死活問題だ。

吉田：人口減って恐ろしいですね……。今でも人口が少ない島根県はどうなっちゃうんだろう。

アカツキ：地方の人口減少は本当に深刻な問題だ。過疎が深刻化し、地域コミュニティーだけでなく自治体そのものまで持続できなくなるケースが増えると考えられている。人口減少が進むと鉄道・バスなどの公共交通や小売り・サービス業者の撤退を招き、暮らしやすさと雇用の両方が失われることで、さらに人口が減る——という悪循環が避けられない。税収減で道路や橋といったインフラや生活に不可欠な行政サービスの維持も難しくなっていく可能性がある。

吉田：そんなの困りますよ。じゃあぼく、島根県の人口を増やすため３年ぐらい里帰りしてきます！

アカツキ：帰ってこなくていいぞ、と言うとパワハラになるんだろうな……。なぁ、頼むから仕事してくれ。

レオナルド博士の用語解説

• **消滅可能性のある自治体**

<u>消滅可能性</u>、かなり衝撃的な言葉だが、実際に都市が消えて無くなるわけではなく、「<u>2020年から2050年までに、20〜39歳の女性人口が半減する自治体</u>」のことをいう。有識者でつくる人口戦略会議が2024年4月に公表したもので、全国1729自治体の4割が該当するという。

2014年の同様の分析では<u>約5割の自治体が「消滅可能性」に該当</u>しており、前提条件や対象の自治体、時期が一部異なるものの、239自治体が「消滅可能性」を脱却した。一方、新たに「消滅可能性」に該当した自治体は、前回の分析に含まれていなかった福島県を中心に99あった。

10年前の発表を受け、各自治体は空き家の提供や手厚い就農支援、補助金などで住民の流入や

2020年から50年に20〜39歳女性人口が50%以上減少する市区町村が占める割合

区は東京23区のみ。
福島県の沿岸周辺13市町村は1自治体として計算

	減少する市区町村数	市区町村数	割合(%)
秋田県	24	20	96.0
青森県	35	40	87.5
山形県	28	35	80.0
岩手県	26	33	78.8
和歌山県	23	30	76.7
高知県	25	34	73.5
福島県	33	47	70.2
徳島県	16	24	66.7
北海道	117	179	65.4
新潟県	18	30	60.0
愛媛県	12	20	60.0
群馬県	20	35	57.1
奈良県	22	39	56.4
大分県	10	18	55.6
宮城県	19	35	54.3
長崎県	11	21	52.4
石川県	9	19	47.4
福井県	8	17	47.1
鳥取県	8	19	42.1
山口県	8	19	42.1
三重県	12	29	41.4
千葉県	22	54	40.7
山梨県	11	27	40.7
熊本県	18	45	40.0
茨城県	17	44	38.6
岐阜県	16	42	38.1
岡山県	10	27	37.0
鹿児島県	15	43	34.9
京都府	9	26	34.6
宮崎県	9	26	34.6
長野県	26	77	33.8
富山県	5	15	33.3
栃木県	8	25	32.0
兵庫県	13	41	31.7
大阪府	12	43	27.9
広島県	6	23	26.1
静岡県	9	35	25.7
埼玉県	16	63	25.4
佐賀県	5	20	25.0
香川県	4	17	23.5
島根県	4	19	21.1
神奈川県	6	33	18.2
福岡県	8	60	13.3
愛知県	7	54	13.0
滋賀県	2	19	10.5
東京都	2	62	3.2
沖縄県	0	41	0

69

定住を促進してきた。一部自治体の「脱・消滅可能性」はその成果でもある。ただ、社会全体としては少子化が止まらず、人口戦略会議はレポートで「自治体間で若年人口の奪い合いとなっては、日本全体で人口減を食い止める効果は乏しい」と指摘した。また、地方から人口が流入しているにもかかわらず出生率が低い東京などが全体の出生率を押し下げているとして「ブラックホール型自治体」と批判した。

たしかに、国全体がズブズブと沈んでいってるときに、内輪で争っててもしょうがねぇよなぁ。

・「高齢者」は何歳から？

高齢者を支える若年層の減少が止まらない中、政府の財政諮問会議で2024年5月、**有識者が「高齢者の定義を5歳引き上げて70歳からに」と提言**し、議論を呼んでいる。

実は、「高齢者とは」という政府内の明確な定義はないという。ただ、政府は65歳以上を高齢者として高齢化率を算出しており、老齢基礎年金を受け取れ、介護保険サービスを利用できる年齢も原則として65歳以上だ。もし政府が70歳以上を高齢者にすれば、65〜69歳の人が「支えられる側」から「支える側」に回り、社会保障制度の支え手不足を軽減できる可能性がある。政府にとって好都合なのは間違いない。

そもそも、厚生年金の受給開始年齢は2020年の法改正で60歳から65歳に引き上げられた。政府による高齢者の定義はこのとき5歳引き上げられたともいえ、**今回の提言は近い将来、さらに5年引き上げるための地ならしではとの見方**も出ている。

専門家の間では、日本の高齢者の心身機能は1990年代と比べても10歳

程度若返っているとの報告もある。元気なお年寄りが多いのはいいことだが、ある日突然「あなた、今日から高齢者じゃありません」と言われたら、うれしいのか悲しいのか、どっちだろうな。

• **合計特殊出生率0.72の韓国**

日本の少子化も深刻だが、お隣の韓国はさらに厳しい。2023年の<u>合計特殊出生率は、日本の1.20を大幅に下回る0.72</u>。子育て環境の厳しさや「生きづらさ」が背景にあるとされる。

韓国は日本以上ともいわれる学歴社会、競争社会で、ソウルの有名大を出て大企業に入ることが「成功」だという価値観が根強く残る。大学入試の朝、大勢の後輩が受験生にエールを送ったり、受験生を乗せた白バイが街を駆け抜けたりするニュース映像はおなじみだろう。その狭き門をめざすプレッシャーは親にものしかかり、収入の多くを受験のための塾や習い事、シッターの費用につぎ込まなければならない。自身が競争社会で勝ち残れず十分な収入が得られていない人は、結婚や出産を避け

る傾向が強いという。

韓国政府も少子化対策に力を入れており、ニュースなどでは「子どもを産んだら愛国者」といった言葉も聞かれるそうだ。なんだか、戦時中の日本みたいな息苦しさを感じるよなぁ。

• 福岡県が北海道を逆転

2024年1月1日時点の住民基本台帳にもとづく人口で、**福岡県が北海道を抜き、都道府県で全国8位に浮上**した。人口は福岡県が509万5379人、北海道が509万3983人で、差はわずか1396人。ともに前年比で減少だったが、北海道が4万5930人減、福岡県が9542人減と減少幅の差が逆転を呼んだ。

北海道の人口は1998年がピークで、このときは福岡県を75万3000人上回っていた。一方、福岡県は出生より死亡が多い「自然減」のため人口は減っているものの、15年連続で県外からの転入が転出を上回っている。国立社会保障・人口問題研究所の将来推計人口によると、福岡県の人口は2045年に462万2818人となり、兵庫県の456万3557人を抜き、全国7位に浮上する見通しだ。ただこの時点で6位の千葉県とは120万1595人の差があり、6位浮上はかなり難しそうだ。

京都大の森知也教授は、2120年には日本の人口が3000万〜5000万人に減少し、**人口10万人以上の都市の数が半減、多くの地方都市が消え、大都市で人口シェアを増加させるのは東京と福岡だけという未来予測**を出している。福岡って食べ物にしてもお祭りにしてもパワフルなイメージが強いが、やっぱりすごい底力のある街なんだな。

■ 2024年1月1日現在の 住民基本台帳に基づく人口

1	東京都	1391万1902人
2	神奈川県	920万8688人
3	大阪府	877万5708人
4	愛知県	750万0882人
5	埼玉県	737万8639人
6	千葉県	631万0158人
7	兵庫県	542万6863人
8	福岡県	509万5379人
9	北海道	509万3983人
10	静岡県	360万6469人

※総務省発表

■ 2045年の将来推計人口

1	東京都	1448万2741人
2	神奈川県	870万2575人
3	大阪府	757万0136人
4	愛知県	686万9521人
5	埼玉県	679万3928人
6	千葉県	582万4413人
7	福岡県	462万2818人
8	兵庫県	456万3557人
9	北海道	406万7642人
10	静岡県	297万3451人

※国立社会保障・人口問題研究所発表

・吉田くんの家族構成

本文で吉田の家族の話が出てきたよな。吉田のお母さんはカポエイラの元世界王者で、島根で今も健在だ。吉田が帰省するときは、なぜか鶏と女性用下着を用意して待ってくれているらしい。ちなみに、設定資料上の名前は「吉田くんのお母さん」だ。おいおい。

お父さんは残念ながら亡くなっている。名前はマクシミリアンで、類人猿最強の男といわれた総合格闘家だったそうだ。え、人類最強じゃなくって?? そして弟が2人。フォートレスくんとギガンテスくんだ。なんだこの紹介。やめときゃよかった……。

7 外国人労働者の受け入れ

働く人が足りないなら、ちゃんと「日本で働いてください」ってお願いするべきです！

吉田：せ……んぱい？　あのー……。

アカツキ：どうした吉田、そんなにおずおずして。初めて出社してきた日でも今の5億倍ぐらい図々しい態度だったぞ。

吉田：あ、よかった、言葉が通じました。いや、お昼を食べに行った中華料理屋さんで、店員さんの言葉もお客さんの言葉も全く聞き取れなくて。自分がうっかり日本語を全部忘れちゃったんじゃないかとドキドキしてたんですよ。どうやら店員さんもお客さんも全員外国の人だったみたいです。

アカツキ：うっかりの範囲がすごいが、確かに日本に定住して働いている外国人も増えてるよな。

吉田：でも、外国人のみなさんはなんで日本で働きたいんですか？　どうせならアメリカンドリームとかイタリアンドリームとかブラジリアンドリームをかなえた方がいいと思うんですけど。

アカツキ：もちろん、そう考えて日本以外の景気がいい国を選ぶ人も多い。一方で、そうは言っても母国よりは給与水準が高いこと、アジアのみなさんにとっては距離的に近い先進国であること、治安や文化面などのイメージがいいことなどで日本が選ばれているようだ。

吉田：でも先輩、外国の人が日本で働くには、確かピザとかパスタとかが必要なんすよね。

アカツキ：ビザな。入国時に使うビザとは無関係だが、**一般に日本で働く資格を「就労ビザ」**ともいう。日本では、外国人が就けるのは専門性が高い仕事に限られてきた。日本の人々が「日本人の職が奪われる」とか、「外国人労働者を受け入れると治安が悪化する」といった懸念を感じていたことに配慮したためだ。いわゆる**「就労ビザ」が認められているのは外国料理の料理人、外国語教師、芸術家、経営者、IT技術者、記者**といった人たちだ。

75

吉田：確かに専門職って感じしますね。でもおかしいじゃないですか。コンビニやレストランの店員さんにも外国の人はたくさんいますよ。

アカツキ：専門的な知識やスキルを持つ店員さんもたくさんいるが、入国管理法はコンビニやレストランのアルバイト、工場や建築現場の作業員といったいわゆる「単純作業」に外国人を雇用することを原則的に禁じている。ただ例外もあって、**日本に定住している人の家族や勉強のために日本に来ている留学生は、週28時間までなら「資格外活動」という立場で単純労働が認められている**。飲食店やコンビニで見かける外国人労働者はこの形が多いようだ。それから、**農業や漁業、建築の現場や、食品加工など様々な工場で働いている外国人は、1993年に始まった「技能実習生」という立場で日本に来ている人が多い**。これは雇用ではなくて、日本の進んだ技術を学んでもらう……という建前で働いてもらっている制度だ。実際には、若者が減り労働力が足りない日本にとって欠かせない戦力になっているんだがな。

吉田：それって完全に言い訳じゃないですか。**働く人が足りないなら、実習生なんていうウソの名前をつけずに、ちゃんと「日本で働いてください」ってお願いするべきですよ**。

アカツキ：吉田の言う通りだ。しかも技能実習生は同じ仕事をする日本人よ

工場で働くインドネシア人の技能実習生たち

り安い賃金しかもらえなかったり、来日時に契約した勤め先から別の職場に転職できなかったりと、人権侵害にあたるような制限が多いことも問題視されてきた。そこで**政府は技能実習生制度を廃止し、代わりに「育成就労」という制度を創設することを決めた**んだ。

吉田：行くぜー柔道⁉　イヤな制度を一本背負い、むかつく上司に送り襟絞めってことですか。

アカツキ：暴力で解決するのは感心しないな。**新制度の育成就労では、目的としてはっきりと「外国人材の育成と確保」を掲げることになった。**育成就労で3年間働くと「特定技能1号」という資格に切り替えることができ、さらに5年間働いて「特定技能2号」という資格を取れば、家族と一緒に暮らし、期限を限らず日本で働き続けることも可能になる。**「特定技能」全体の受け入れ枠も拡大**し、今後5年間の受け入れ見込み数を、過去5年間の2.4倍にあたる82万人にする方針だ。政府は育成労働を、外国人労働者を広く受け入れ、将来的に永住できる道を広げる制度にする考えだ。

吉田：なんでそんなに急に軌道修正したんですか。もしかして、首相の家で働く外国人家政婦に、見られてはいけないシーンを見られてしまったんじゃ……。

アカツキ：制度を変える最大の狙いは、**他の国との人材獲得競争に勝つこと**だ。たとえ

■ 新制度のしくみ

育成就労
在留期間の上限3年
※1〜2年で転籍可

↓

特定技能1号
在留期間の上限5年

↓

特定技能2号
制限なし

↓

**永住者への
変更も可能**

ばお隣の韓国も日本と同様に若者が減っており、外国人労働者を積極的に受け入れようとしている。ただでさえ円安で円の価値が下がり、日本で働くことのメリットが薄れている中、悪評の高いこれまでの制度では、海外の人に日本を選んでもらえなくなるという危機感が制度変更を促したんだ。

吉田：でも名前だけ変えてもダメですよ。ぼくはごまかされませんからね。

アカツキ：細かな制度設計はこれからだから、単なる看板の掛け替えにならないようしっかりと注目していく必要がある。ただ、政府はこれまで原則認められなかった来日後の転職について、新制度では1～2年働けば転職できるように改善する方針を示している。また、留学生などすでに日本にいる外国人も育成就労の制度を使ってフルタイムで働けるようにする方針だ。より多くの人が、実習生という特殊な制限を受けずに働けるようになる可能性がある。

吉田：留学生だってせっかく日本に来たんだから、卒業したら日本で働きたい人も多いですよね。

アカツキ：日本の大学や専門学校を出た人が日本の会社に就職する場合は、**「技術・人文知識・国際業務（技人国）」という資格で働ける**。ただ、やはり単純労働は認められておらず、出入国在留管理庁は技人国で働ける職種の例として「機械工学等の技術者、通訳、デザイナー、私企業の語学教師、マーケティング業務従事者等」を挙げている。日本語力の不足などでこれらの仕事に就けず帰国せざるを得ない留学生は多く、日本学生支援機構によると2022年に日本の大学または専門学校を修了、卒業した外国人留学生6万2284万人のうち、日本で就職した人は約4割の2万6795人だった。育成就労で、より多くの人が

卒業後も日本で働ける可能性がある。

吉田：実際のところ、外国人労働者のみなさんはどう思ってるんですか。

きっとみんな大喜びで、それぞれの国のお酒で乾杯してるんですよね。

アカツキ：残念ながら、反発や懸念の声も多い。**一番問題視されているのが、将来的に増えるとみられる外国人の永住者に対して、税金や社会保険料を支払わない場合などに永住許可を取り消せるという規定を設けたこと**だ。外国人にとっては、永住許可が取り消される不安を持ち続けなければならないことになる。政府は国会で、病気や収入の減少などの事情があれば規定の対象にはならないと強調。許可を取り消す場合は、一定の在留期間はあるが就労分野に制限がない「定住者」への変更を想定していると説明している。

吉田：脱税する日本人だっていっぱいいるのに、なんで外国の人だけ厳しい罰を受けなきゃいけないんですか。

アカツキ：当時の法相は「（滞納する永住者を）放置すれば、不公平感や永住者全体への不当な偏見を招くおそれがある」と説明しているが、野党からは「税金の滞納があったとしても、日本人と同様に督促や差し押さえで対応すべきだ」との批判も出ている。背景にあるのは、「外国人労働者は認めるが、移民を受け入れるわけではない」という日本政府の姿勢だ。

吉田：待ってください。外国人労働者と移民はどう違うんですか。

アカツキ：**移民はその国の国籍を取って永住する人のことで、当然、選挙権や被選挙権も与えられる。政府は外国人労働者が将来的に永住権を取ったとしても、日本国籍を認める姿勢は示していない**。少子高齢化で年金などの社会保障制度の維持が難しくなる中で、外国人労働者を

増やして税金や社会保険料だけ負担させたい一方、国民としての権利は与えたくないという本音が透けて見える。いずれにしても、同じ過ちを犯しても、生まれた所や皮膚や目の色が違うだけで長年暮らした土地を追われる可能性があるというのはひどい話だよな。

吉田：くそー、外国人のみなさんを応援するために、今夜は各国の料理を3軒ぐらいハシゴしましょう。

アカツキ：めったにないことだが、今日は吉田に大賛成だ。

レオナルド博士の用語解説

・日本社会と移民受け入れ

育成就労の導入で外国人労働者の受け入れに大きく舵を切った日本だが、海外ではまだまだ閉鎖的とみられている。米国のバイデン大統領（当時）は2024年5月、米経済が成長しているのは移民を受け入れているからだとした上で、「なぜ日本は問題を抱えているのか。それは彼らが外国人嫌いで移民を望んでいないからだ」と発言した。

4月に岸田文雄首相（当時）が訪米して良好な関係をアピールしたばかりというタイミングでの厳しい日本批判に驚きが広がり、日本政府は即座に「日本の政策に対する正確な理解に基づかない発言があったことは残念だ」などと米政府に申し入れた。その後の記者会見でも質問が相次いだが、バイデン大統領は発言を取り消さなかった。

ちなみに日本は現状でも200万人以上の外国人労働者を受け入れているんだが、アメリカのテキサスから日本にやってきた俺としては、日本の人たちの受け入れ態勢が十分とは思えなくて、バイデンの言ってることも一理あると感じちまう部分もある。ま、吉田を含め鷹の爪団の連中は、俺が外国人だってこと気づい

共同記者会見を終え、握手をする岸田文雄首相（当時）とバイデン米大統領＝2024年4月10日、米ワシントンのホワイトハウス

てないかもしれないけどな。ふっ、日本語がうますぎるってのも罪つくりだぜ。

・韓国と日本の外国人労働者受け入れ制度

日本を上回るペースで人口減少が進むと見込まれる韓国では、外国人労働者の受け入れが喫緊の課題だ。2023年12月、韓国の韓東勲（ハンドンフン）法相（当時）は「移民政策を取り入れるかどうかを悩む段階は過ぎている。取り入れなければ、国家消滅の運命は避けられない」と危機感をあらわにした。ただ、韓国でも移民受け入れへの抵抗感は根強く、「我々の社会に必要な外国人のみ」の受け入れが基本で、国がしっかり管理するとも強調した。

韓国は「雇用許可制」という仕組みで海外から非熟練労働者を集めている。受け入れ枠は22年の約7万人から23年は12万人に、2024年は16万5000人と急拡大。人口が日本の約半分にもかかわらず、日本の「技能実習制度」の入国者数とほぼ同規模だ。

日韓で外国人労働者を奪い合う状況だが、労働者側の受け止めは韓国優位との見方が多い。平均月給が日本より数万円高く、韓国語は漢字、ひらがな、カタカナが入り交じる日本語より習得しやすいといわれる。一方、

韓国では雇用許可制から熟練技能人材へ移行するには雇用主の申請や推薦が必要で、移行後も転職は難しい。日本では育成就労から特定技能への移行が容易なため、新制度が始まれば日本の人気が高まる可能性もある。確かに日本語の難しさは尋常じゃないぞ。俺ほどの頭脳を持ってすれば、屁でもないけどな。

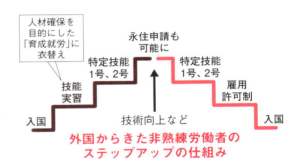

■ 日韓とも少子高齢化が進み、多くの外国人労働者を受け入れている

日本	(2023年)	韓国
1億2435万人	人口	5171万人
1.20%	出生率	0.72%
29.1%	高齢化率	18.2%
205万人	外国人労働者数	92万人

外国からきた非熟練労働者のステップアップの仕組み

・技能実習生とブローカー

技能実習生の多くは、母国の「送り出し機関」と日本の受け入れ窓口「監理団体」の仲介で来日する。両社をつなぐ仲介役（ブローカー）も暗躍しており、実習生が送り出し機関やブローカーらに多額の手数料を求められ、巨額の借金を抱えて来日することも珍しくない。

そのため、来日後の職場で長時間労働を強いられたり、賃金をきちんと払ってもらえなかったりしても、借金返済のために我慢せざるを得ず、激しいパワハラなど人権侵害の温床となっている。

政府は育成就労では「二国間取り決めで、悪質な送り出し機関を排除する取り組みを強化する」としている。しかし、人権団体は「実効性のあ

る具体的な手段に踏み込んでいない」と批判しており、状況が改善するかどうかは不透明だ。

・日本語能力試験（ＪＬＰＴ）

日本語を母国語としない人向けに日本語力を測り、認定する試験で、国際交流基金と財団法人日本国際教育支援協会が主催している。日本を含む世界92の国と地域で受験でき、「Ｎ１」から「Ｎ５」まで５段階のレベルがある。日本の大学への留学や日本企業への就職、いわゆる就労ビザの取得など様々な局面で必要とされ、日本人が英語で求められる「TOEFL」と同じような役割を持つ。

たとえば最上級の「Ｎ１」は論理的にやや複雑な文章や抽象的な文章を読んで理解できることや、幅広い場面で自然なスピードの会話を理解し要旨を把握できることなどが求められ、「Ｎ５」はひらがなやカタカナ、基本的な漢字を使った定型的な文章が理解でき、ゆっくり話される短い会話が聞き取れることなどが求められる。技能実習生制度では、介護分野で働く場合のみ来日前の「Ｎ５」取得が求められてきた。コンビニや飲食店の店員として働くために必要な日本語力は「Ｎ２」程度とされるから、実は相当な日本語上級者だ。もしかすると吉田じゃあ太刀打ちできないかもしれないな……。

N 1	幅広い場面で使われる日本語を理解することができる
N 2	日常的な理解に加え、より幅広い場面で使われる日本語をある程度理解することができる
N 3	日常的な場面の日本語をある程度理解することができる
N 4	基本的な日本語を理解することができる
N 5	基本的な日本語をある程度理解することができる

8 食料安全保障

故郷の誇り「しまね和牛」も自給できてないなんて、言いがかりです!

吉田：先輩、昨日スーパーで買い物をしたらタマネギが中国産、アスパラがメキシコ産、豚肉がカナダ産で。晩ごはんの野菜炒め、中華料理なのかメキシコ料理なのかカナダ料理なのか考えてるうちに皿から消えちゃったんです。ぼく食べた覚えないんですけど。

アカツキ：たぶん吉田がおいしく食べたんだと思うぞ。しかし吉田、その食材がもし輸入できなくなったらどうなるか、考えたことはあるか？

吉田：昨日の晩ごはんで日本で取れたものは……ごはんとしじみ汁だけかもしれません。

アカツキ：**食料のうち、どれぐらいを自分の国で作っているかを「食料自給率」**という。**日本の自給率は38%**で、これは、国民に供給される食料をカロリーに換算したときに、その38%しか国内で作られていないという意味なんだ。国別でみると、カナダやオーストラリア、アメリカなどは100%を超えている。国内で食べる分をまかなって、さらに

85

輸出しているという意味だ。日本は先進国の中では最低レベルだ。

吉田：でもスーパーに並んでるお肉も半分ぐらいは国産って書いてありますし、海でお魚も取れますし、お米や野菜はほとんど国産じゃないですか。そんなに自給率が低いはずがないですよ。

アカツキ：**「国産」と「自給」は違う**。たとえば牛肉が国産だとしても、その牛に与える飼料が輸入に頼っていたら自給しているとは言えないだろう？ 肉などの畜産物は60%以上が国産だが、飼料などを輸入に頼っているから自給率は17%にとどまっているんだ。同じように、コメは自給率99%、野菜は75%と高いが、実は肥料のほとんどを輸入に頼っているので、肥料の輸入が

2019年（日本は年度）。カロリーベース。
※農林水産省試算

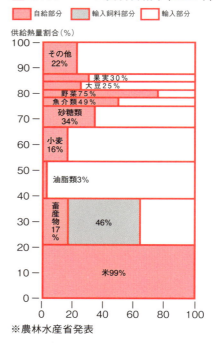

※農林水産省発表

ストップしたら生産できなくなってしまう。なので、日本の実質的な食料自給率は10%未満しかないという試算もある。

吉田：ぼくのふるさとの誇り「しまね和牛」も、島根で自給しているとは言えないんですね。めちゃくちゃショックです。じゃあ、もし食料や飼料の輸入が止まったらどうなっちゃうんですか。

アカツキ：恐ろしい研究結果がある。アメリカなどの研究チームが、もしも核戦争が起きたら世界の食料事情がどうなるかを試算したんだ。核爆発で大気中に舞った粉じんが日光を遮り、「核の冬」と呼ばれる気温低下が起きる。その結果、世界中が食料不足に陥り、国際的な食料の取引が止まる。そのとき世界で最も深刻な影響を受けるのが日本で、**粉じんが最も少ないケースでも2年後には人口の約6割にあたる7000万人が餓死し、最も粉じんが多いケースだと日本の人口のほぼすべてが餓死すると予測**されている。

吉田：めちゃくちゃやばいじゃないですか！　ぼく、餓死なんてしたくありませんよ。

アカツキ：食料の生産国が輸出を制限するという状況は実際に起きている。アメリカの研究機関によると、2022年にはロシアによるウクライナ侵攻の影響などで、世界32カ国が食料や飼料、肥料の輸出を制限した。ロシアとウクライナがともに小麦やトウモロコシの輸出国のため、輸出が滞ったことで世界の食料価格を表す国連の食料価格指数は過去最高を記録したんだ。5月には、世界で取引される食料と飼料の17%が影響を受けたそうだ。日本でいろんなものの値段が上がったのは、この世界的な動きと自給率の低さの影響だった。

吉田：ハンバーガーが高くなって困るなぁ、っていうだけの話じゃなかった

んですね。なんで日本はそんなに自給率が低いんですか。昔からそうだったんですか。

アカツキ：日本の食料自給率は、**1965年度の73%から下がり続け、2010年度以降は30%台で推移**している。最大の理由と考えられているのが、食生活の変化だ。農林水産省の資料によると、自給率が高いコメを食べる量は1965年の1日お茶碗5杯から2.4杯に減った一方、牛肉料理を食べる回数は3.4倍に増え、植物油の使用量も3倍に増えた。自給率が高いものを食べなくなり、低いものをたくさん食べるようになったということだな。

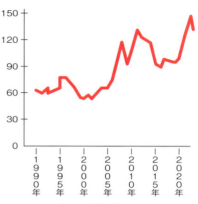

■ 食料価格指数(年平均)の推移

2014〜16年の平均価格を100として国連食糧農業機関(FAO)が公表。
2023年は1月のみ

■ 食生活の変化のイメージ(一人当たり消費量の変化)

	ごはん	牛肉料理	牛乳	植物油	野菜	果実	魚介類
1965	1日5杯 (1杯精白米60g)	月1回 (1食150g)	週に2本 (牛乳びん)	年に3本 (1.5kgボトル)	1日300g程度	1日80g程度	1日80g程度
2021	1日2.4杯 (自給可能)	月3.4回 (飼料は輸入)	週に3本 (飼料は輸入)	年に9本 (原料は輸入)	1日230g程度	1日90g程度	1日60g程度
					(加工品の輸入が増加)		

※農林水産省「知ってる？日本の食料事情2022」

吉田：でもおかしいですよ。お肉がたくさん食べられるようになったなら、農家さんたちもお肉をたくさん作ればいいのに。なぜそうならないんですか。

アカツキ：日本は農地が狭くて大量の牧草や飼料を育てるのが難しく、肉類については輸入に頼らざるを得ないという事情がある。肝心の農地もピーク時の7割に縮小しているし、農家のみなさんの高齢化や兼業化、農業からの離脱が進み、大規模な投資や新しい取り組みをするのが難しくなっている面もある。ただ、食生活の変化に農業が対応し切れていないというのは吉田の言う通りだな。

吉田：みんなが餓死しないように、何か手を打たないと。政府のえらい人たちは何をやってるんですか。

アカツキ：政府もやっと重い腰を上げた。**農業政策の基本となる「食料・農業・農村基本法」を2024年に改正**して、食料危機に備える「食料安全保障」という考え方を新しい柱に据えた。併せて**「食糧供給困難事態対策法」**という法律も作った。緊急時にはコメや小麦、畜産物、肥料などを増産するよう政府が農家や工場などに要請したり、ほかの作物を作っている農地を足りない作物向けに転換するよう指示したりできる。違反すると罰金などの刑罰もある。

吉田：緊急時はそれでいいですけど、大

■ **食料危機のときの対応（農林水産省）**

不足のおそれ　　生産の拡大を要請

↓ 深刻化

米や小麦などが大幅に不足　　生産計画の届け出を指示　従わない場合は20万円以下の罰金も

↓ 深刻化

必要なカロリーが摂れないおそれ　　増産など計画変更を指示　従わない場合は氏名公表も

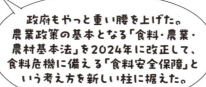

切なのは普段からの備えじゃないですか。

アカツキ：たまにはいいことを言うな。「基本法」には、生産量を上げるため農作物の輸出に力を入れることや、食料の価格が大きく変動しないよう、政府が価格形成に関わることなどが盛り込まれた。「対策法」をめぐる国会の話し合いでは、穀物や油などの備蓄も検討されることになった。

吉田：ちょっと待ってください。輸出や備蓄はいいとして、価格に政府が関わるってどういうことですか。「キャベツ1玉100円！」みたいな特売がなくなっちゃうのは困りますよ。

アカツキ：その点は国会でも議論になった。農作物や水産物は旬の時期にたくさんとれれば安くなる、不足すれば高くなるのが本来の姿だから、**小売業界などは政府が価格に関わることに反対**している。細かいことはこれから法律を作って決めていくそうだから、私たちも注目していく必要があるな。

吉田：ちぇっ、野菜の値段じゃなくて、先輩がぼくにくれるお小遣いの額に政府が関わってくれればいいのに。

アカツキ：むしろ吉田が私に迷惑料を払うべきだと思うぞ。

• カロリーベースと生産額ベース

この項目では「カロリーベース」の食料自給率について話しているが、実は食料自給率にはもう一つ、**「生産額ベース」**という考え方もある。**2022年度の数値は58%で、カロリーベース（38%）より高い。**

カロリーベースは人が生きていくために必要なエネルギー量に着目している一方、生産額ベースは経済的な価値に着目して金額に換算する。前者は穀物など重量当たりのカロリーが高い品目の影響が大きくなり、後者は野菜や果実のようにカロリーはさほど高くなくても、単価が高い品目の影響が大きくなる。

実は、**生産額ベースの自給率でみると日本はスイスやイギリスとほぼ同水準。先進国の中で中位レベル**だ。なんとなくだが、低い方の数字を使って国民の危機感をあおろうという政府の魂胆を感じないか？

• 植物肉

2023年7月、コンビニ最大手セブン‐イレブンが「ツナマヨ」おにぎりのツナにエンドウ豆を原料にした「植物肉」を混ぜた商品を売り出した。ツナ（まぐろ）5割に植物肉5割を混ぜたという。背景には、2050年に100億人ともいわれる**世界の人口増に食肉の生産拡大が追いつかず、たんぱく質の供給が追いつかなくなる「プロテインクライシス」という懸念**がある。日本にとっても海外からの肉類輸入が難しくなる可能性がある。植物肉は、大豆をはじめとする豆類を使った植物性たんぱくから作る。セブンのおにぎりに使われる植物肉を作っているのは2015年に熊本県

で創業した植物肉ベンチャー「ＤＡＩＺ（ダイズ）」。特有の「豆臭さ」をなくすため、セブンとのやり取りは２年、試作は50回に及んだ。セブンはツナマヨと同時にＤＡＩＺの植物肉を使ったチキンナゲットも売り始めた。こちらは鶏肉と植物肉が「８対２」だという。俺も最初にパッケージを見たときはギョッとしたけど、将来を見越した取り組みなら応援しねぇとな。

• 下水処理場から国産肥料

食料安全保障の中で農林水産省が重視しているのが肥料だ。肥料の主要成分のうちリン酸アンモニウムはほぼ全量を輸入に頼り、尿素も国産は５％しかない。いずれも中国やカナダなど特定の国から輸入しており、輸入が途絶えれば農作物の生産量は大幅に減る。農水省は「食料自給率だけでは見えてこない数字」と強調する。

その対策として注目されるのが、「下水汚泥」だ。人のし尿など、下水にはリンや窒素など植物の成長に欠かせない栄養素が多く含まれる。処理の過程で出る下水汚泥を発酵させるなどすれば、国産の肥料になる。2022年には岸田文雄首相（当時）が農水省に直接、下水汚泥の活用を指示している。国土交通省によると、利用されている下水汚泥は全体の約１割にとどまっているという。日本は昔から人の糞尿を肥料に使ってきたんだから、いい伝統は守っていきてえな。

企業と
テクノロジー
の経済

第2章

9 ・ 巨大IT規制

10・ どうなるEV

11・ 日の丸半導体、復権?

12・ 日本の宇宙開発

13・ 認知症治療薬

14・ 物流危機

15・ 日本版ライドシェア

16・ カスハラ

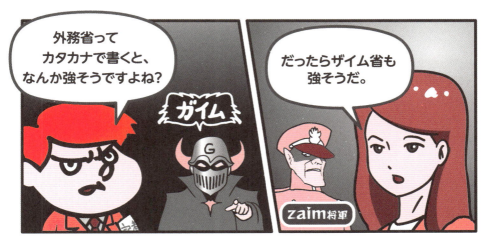

つづく…

「生かさぬよう、殺さぬよう」に搾り取るんですよね。ぼく、そんなのイヤです。

9 巨大IT規制

アップルやグーグル以外は「小作人」って、どういうことなんですか！

アカツキ：どうした吉田。給湯室から紙コップを大量に持ってきて、工作の時間か？

吉田：何をのんきなこと言ってるんですか。糸電話ですよ、糸電話。「アップルやグーグルが禁止される」ってテレビで言ってたので、スマホを使えなくなるのに備えてるんです。

アカツキ：ちょっと待て、私たちがアップルやグーグルを使うことを禁止されるわけじゃないぞ。両社のような巨大IT企業を規制する法律が、日本でもできたんだ。ｉＰｈｏｎｅにはアップルの「ｉＯＳ」、その他のスマホのほとんどにはグーグルの「アンドロイド」という基本ソフトが使われていて、両社がスマホ向け基本ソフトで圧倒的なシェアを握っている。近年はあらゆるサービスにスマホのアプリが使われるようになっているが、ほとんどの人はスマホに最初から入っているアプリストアからアプリを手に入れるしかなかった。新しい法律で、両

社のアプリストア以外も使えるよう

　　　にする。

吉田：なんか難しいことを言ってますけど、

　　　スマホに元々アプリストアが入って

　　　るのに、わざわざ別のストアを自分

　　　で手に入れるなんて面倒ですよ。

アカツキ：アプリストアが選べないことで利用

　　　者にとって手間が省ける部分はある

　　　が、アプリを作ったり、アプリでサー

　　　ビスを提供したりしている事業者に

　　　とっては問題だ。今のやり方では、

　　　アップルやグーグルが決めたアプリ

　　　開発や流通、課金の仕方のルールに

　　　従わなければ、利用者にアプリを届

　　　けられない。

■ 各国のスマホのOSシェア

欧州: iOS 34% / Android 65% / 1%

日本: iOS 68% / Android 31% / 1%

アメリカ: iOS 58% / Android 40% / 2%

※シェアは2023年3月から24年3月。
米調査会社スタットカウンター調べ

吉田：それの何がいけないんですか。ルー

　　　ルを守るのは大切です。

アカツキ：たとえば、吉田が新しいスマホ向けゲームを作ったとしよう。それを

　　　両社のアプリストアを通じて売るには、最大30%の決済手数料を払

　　　わなければならないんだ。1本100円で利用者に売った場合、30円は

　　　自動的にアップルやグーグルのものになる。

吉田：わっ、ゲームを作ったのはぼくなのに、アップルやグーグルがけっこ

　　　う儲かるんですね。

アカツキ：アプリ事業者の業界団体であるモバイル・コンテンツ・フォーラムに

よると、2022年のスマホゲームの市場規模は1兆4500億円。このうち4000億円を超える売り上げが、グーグルやアップルに手数料として流れていて、ゲーム会社の収益を大きく圧迫している。**「いくら働いても、儲かるのはアップルやグーグルばかり」という状況を昔の地主と農民の関係にたとえて、両社以外の事業者を「デジタル小作人」と呼ぶ**こともあるそうだ。

吉田：小作人……。昔、授業でムササビ先生に習いましたよ。「生かさぬよう、殺さぬよう」に搾り取るんですよね。ぼく、そんなのイヤです。

アカツキ：そこで事業者たちを守るために、2024年6月にできたのが**「スマホソフトウェア競争促進法」**だ。アップルやグーグルを念頭に、**自社のOSで動くスマホ端末上で「他社のアプリストア提供を妨げること」や「自社の決済システム利用を義務づけること」を禁止する**のが主

■ スマホソフトウェア競争促進法

規制対象

スマホを動かす基本ソフト（OS）	アプリを追加するためのアプリストア	ウェブサイトを閲覧するためのブラウザー	検索エンジン

の4分野で影響力のある巨大IT企業

禁止される行為

自社のOSで動くスマホ端末上で**他社のアプリストア提供を妨げる**	自社のOSで動くスマホ端末上で**自社の決済システム利用を義務づける**

罰則

違反すると関連する売上高の20%の課徴金

※独占禁止法上の同様の違反の約3倍

利用者にとって新法で何が変わる？

- iPhone上でアップルのAppStore以外のアプリストアが使えるようになる
- アプリ内での支払いに、アップルやグーグル以外の決済システムが使えるようになる
- ウェブサイトを閲覧するブラウザーを、複数の事業者から選びやすくなる
- 検索結果に表示されるサイトが多様になる

　　　　な内容だ。違反すると、関連する売上高の20％の課徴金が課せられる。これは、独占禁止法という法律で同様の違反に課せられる金額の約３倍と、非常に重い罰になっている。

吉田：これで、ぼくがおもしろいゲームを作っても安心ですね……って先輩、ぼくゲームなんか作れませんよ。今までの話、意味ないじゃないですか。

アカツキ：そんなことはないぞ。利用者の立場でも、メリットは大きい。一つはアプリストアを選べるようになることだ。これまで、アップルのｉＰｈｏｎｅでは「AppStore（アップストア）」経由でしかアプリを追加できなかった。グーグルのアンドロイド端末では、ほかの事業者のストアも使えるが、「Google　Play（グーグルプレイ）」経由が８割を超えていた。今後、**次々に新しいアプリストアが参入すればストア同士の競争が起き、決済手数料が下がる**とみられている。その結果、利用者が支払うアプリ利用料も下がると期待されている。

吉田：駅前にスーパーが１軒だけしかなくてそこで買うしかなかったのに、

99

新しいお店ができて値引き競争が起きるようなものですね。

アカツキ：よくわかってるじゃないか。実際にこれまでも、ブラウザーとアプリの両方で提供されるサービスでは、アプリの利用料の方が割高に設定されていた例が多い。たとえば、大手料理レシピサービスの有料版は、ブラウザーで登録すると月308円だが、アプリ経由だと月400円と差があった。事業者がアップルやグーグルに支払う決済手数料がなければ、アプリの利用料が安くなるという実例だ。

吉田：安くなったら、もっとたくさんゲームが買えますもんね。

アカツキ：利用者にとってのもう一つのメリットは、**今までにないサービスに出会う可能性**だ。競争が活性化してイノベーションが起きやすくなれば、新しいサービスの誕生にもつながる。

吉田：見たことがないような新しいゲームができたら、めちゃくちゃうれしいです。

アカツキ：……吉田にこの話をしていることが、私と会社にとってとんでもなくマイナスなんじゃないかと感じてきたぞ。

吉田：まぁまぁ先輩、ゲームはばれないようこっそりやりますから。でも、こんな法律作ったら、アップルやグーグルは怒るんじゃないですか。

アカツキ：ばれないようにじゃなく家でやってくれ。吉田の言う通り、アップルは法律の案に猛反発した。アップルの「アップストア」は、一元的な厳しいアプリ審査で安全性を高めてきた。アップルは、「いかなる変更も現在のセキュリティーレベルを損なう」として、ｉＰｈｏｎｅ上に自社の「アップストア」以外のストアを置くことに抵抗を示した。ｉＰｈｏｎｅのセキュリティーの高さやプライバシー保護策は利用者からも広く支持されていて、新法でそれが損なわれるので

はとの懸念は、利用者にもあった。

吉田：反対を押し切って法律を作ったなら、アップルやグーグルが「もうこんな国イヤだ！」って日本から出て行ってしまいませんか。それは困りますよ。

アカツキ：心配ない。両社のような巨大ＩＴ企業を規制する動きは日本だけのものじゃなく、欧州で先に進んできた。**日本は、ＥＵが2023年に施行したデジタル市場法「ＤＭＡ」という法律を参考にした**んだ。ＤＭＡはスマホのＯＳだけではなく、広告やＳＮＳ、ネット通販などデジタル市場で有力な22のサービスを特定し、運営する６社を規制対象に指定した。課金方法の強制や自社サービスの優遇など競争をゆがめる行為を禁止し、違反すれば巨額の制裁金を科せるようにしたんだ。

吉田：効果はあったんですか。

アカツキ：アップルは2024年１月、ＤＭＡに対応するため、ＥＵ域内では他社のアプリストアを認めると発表した。さらに、**手数料を「最大30％」から「最大17％」に引き下げた**。これを受けてアメリカのゲーム大手などがアプリストアへの参入を表明している。アップルが日本でも同じような対応を取る可能性はある。

吉田：じゃあ、日本だけが規制を強めなければ、僕たち日本の利用者だけが損しちゃうところだったんですね。これで事業者のみなさんも小作人の立場から抜け出せてみんな幸せです。

アカツキ：ところが、そうもいかないようだ。アップルはＥＵ域内で手数料を引き下げる代わりに、ダウンロードが年間100万回を超えるアプリについては超過分につき１件あたり0.5ユーロ、約84円を取る新たな契

101

約ルールも示している。この点について一部のアプリ事業者から「搾取を強める」などと反発が起きている。

吉田：もし100円のアプリで84円もとられたら、事業者は全然儲からないじゃないですか。やっぱりまだまだ、アップルやグーグルの力は強いんですね。

アカツキ：しかも日本の法律では、セキュリティーやプライバシー、青少年保護などを目的とする場合は規制の例外とし、アップルやグーグルが他社のアプリストアを審査できるとした。ただ、たとえばアップルはギャンブルや性的コンテンツを認めておらず、厳しい「アップル基準」がほかのアプリストアにも求められれば、自由な競争は起きにくくなる。また、セキュリティーなどを口実にして、両社がほかの事業者の邪魔をしていないかを見定める必要も出てくる。政府は2025年中に新法を施行する方針で、公正取引委員会、総務省、こども家庭庁などが連携して詳細なガイドラインを作っている。

吉田：先輩がぼくの仕事の邪魔をしていないか見定めるガイドラインも作らなきゃいけませんね。

アカツキ：逆だ、逆。

●「ＧＡＦＡ」対米司法当局

アップルのティム・クックＣＥＯは、ｉＰｈｏｎｅ利用者から「他社製スマホを使う母にビデオを送れない」と改善を求められ、こう答えたという。

「お母さんにｉＰｈｏｎｅを買ってあげてください」

2024年3月、アメリカの司法省は反トラスト法（独占禁止法）違反の疑いで米アップルを提訴し、訴状でこんなエピソードに触れた。ｉＰｈｏｎｅ同士では動画などを含むメッセージの円滑な交換が可能だが、他社製スマホとの間では、交信やセキュリティーの質が格段に落ちるとの指摘は根強い。司法省はこうした事例を積み上げ、アップルが他社の製品やサービスとｉＰｈｏｎｅとの連携を故意に弱めていると指摘。「独占の堀」で、消費者を囲い込んでいると結論づけた。

一方、アップルは声明で「この訴訟は我々の存在と、アップル製品の根幹を脅かすものだ」と反論した。アップルは、他社製品との連携に一定の制限があることで、利用者の個人情報の流出の阻止や、ネット上の詐欺などからの保護に役立ってきたとする。

米司法省などの司法当局は2020年以降、<u>「ＧＡＦＡ（ガーファ）」と呼ばれるグーグル、アップル、メタ（旧フェイスブック）、アマゾンを相次いで独禁法違反の疑いで提訴</u>した。2024年8月5日には米連邦地裁が司法省の主張を認め、グーグルが違法な独占状態にあると認定するなど、<u>市場を独占する巨大ＩＴ4社と国家との対決の構図</u>が鮮明になっている。ヨーロッパと日本は新しい法律、アメリカは訴訟とやり方は違うが、政

103

府が巨大IT企業を規制する流れは世界共通だ。鷹の爪団も、いつかは政府から規制しようと思ってもらえるぐらいの存在にならなきゃなぁ。

・グーグルとヤフー

日本の公正取引委員会は2024年4月、米グーグルを対象に独占禁止法に基づき初めての行政処分を行った。

グーグルと旧ヤフー（現LINEヤフー）は、国内のネット広告市場を分けあう唯一のライバル同士だった。だが2010年、インターネット広告分野で事業提携。ヤフーはインターネット検索サイトの利用者が検索した内容に関連した広告を配信する「検索連動型広告」という事業で、グーグルの技術を使うことになった。

グーグルは2014年11月、ヤフーに対し、外部のスマートフォン向けサイトなどではグーグルの技術を使った検索連動型広告の配信をしないという契約を要求。ヤフーはこれに応じ、遅くとも15年9月以降、この広告配信ができなくなった。広告事業の心臓部ともいえる技術をグーグルに握られた結果、事業を生かすも殺すも相手次第になってしまった形だ。<u>グーグルがその後契約内容を戻し、独禁法違反の疑いのある行為を自主改善する計画を提出したため、公取委は計画の履行義務を科す行政処分を行った</u>という。

■ **グーグルの旧ヤフー(現LINEヤフー)に対する事業制限のイメージ**

● 2010年 ヤフーがグーグルから広告技術などの提供を受け始める
● 2014年 グーグルがヤフーに「検索連動型広告」の配信を**一部やめるよう要求**し、契約内容を変更
● 2015年

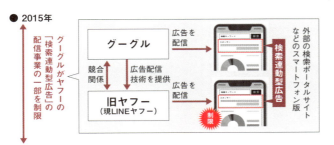

● 2022年 公取委が調査開始。グーグルが制限を撤回
● 2024年 グーグルが自主改善計画を公取委に提出。計画履行が義務に

推計では2023年の広告媒体費は2兆6870億円。うち検索連動型広告が約4割を占め、初めて1兆円の大台に乗った。グーグルの検索連動型のシェアが売り上げベースで7～8割に達し、国内で競合するのはヤフーだけだった。

2010年に両社が事業提携した時点ではヤフーがグーグルに妨げられず自由に事業展開できる契約になっていたが、後に契約が変更された。このように変化が速い業界の動きに追いつくため、違反事項をあらかじめ示して禁止する「事前規制」の動きが広がっており、EUや日本の規制法もその一環だ。独占ってやつがいかに恐ろしいか、そしてIT業界がいかに生き馬の目を抜く世界かがよく分かる話だよな。背筋が凍るぜ。

10 どうなるEV

EV化、主要国で日本が一番遅れてるなんてやばすぎます！

吉田：先輩大変です！　今日乗ったタクシー、エンジンがかかっていないのにスイスイーッと走ってました。あの運転手さん、きっとものすごい超能力者ですよ。

アカツキ：あぁ、それはＥＶだろう。最近はタクシーにも増えているみたいだな。

吉田：イーブイ？　なんであのポケットに入るかわいいモンスターが出てくるんですか。

アカツキ：著作権的にギリギリのボケはやめろ。**ＥＶは Electric Vehicle、電気自動車の略**だ。これまでの車はガソリンでエンジンを回して走っているのに対して、ＥＶは電池に貯めた電気で、モーターを回して走る。国際エネルギー機関の調べでは、日本では2023年に売れた新車のうちＥＶが3.6％を占めた。

吉田：3.6％かぁ。日本は技術が進んでるし、大きな自動車メーカーもたくさんあるから、世界でも多い方なんですよね？

アカツキ：いや、**ＥＶの分野では日本は世界から大きく遅れている**。同じデータで、新車販売に占めるＥＶの比率は、ノルウェーが93％、アイスランドが71％もあった。環境への意識が高いヨーロッパの国々で高い比率だったものの、同じアジアでも中国が38％、韓国が7.9％だった。日本の出遅れは深刻だ。

吉田：なんでそんなことになっちゃったんですか！

アカツキ：ドイツのメルセデス・ベンツやスウェーデンのボルボ・カーズが2030年までにＥＶ専業になると発表するなど、欧州の自動車メーカーの多くが急激なＥＶ化への姿勢を打ち出した影響が大きい。それに対して、日本市場でグループを含めて約７割のシェアを持つ**トヨタ自動車は「ＥＶ一本足」に踏み切らず、様々な手法でカーボンニュートラル（二酸化炭素排出ゼロ）を実現**

■ 新車販売台数における
　BEV・PHEV比率（2023）

国	比率
ノルウェー	93%
アイスランド	71%
スウェーデン	60%
フィンランド	54%
デンマーク	46%
ベルギー	41%
中国	38%
オランダ	35%
ルクセンブルク	32%
ポルトガル	32%
スイス	30%
アイルランド	27%
オーストリア	26%
フランス	25%
ドイツ	24%
イギリス	24%
ヨーロッパ全体	21%
イスラエル	19%
ニュージーランド	14%
ギリシャ	14%
アラブ首長国連邦	13%
カナダ	13%
オーストラリア	12%
コスタリカ	12%
スペイン	12%
ラトビア	11%
スロベニア	11%
ハンガリー	11%
ルーマニア	11%
トルコ	10%
アメリカ合衆国	9.50%
イタリア	9.20%
エストニア	8.80%
キプロス	8.80%
韓国	7.90%
リトアニア	7.50%
ポーランド	6.60%
スロバキア	6.10%
ブルガリア	5.80%
チェコ	5.40%
セーシェル	5%
クロアチア	4.60%
コロンビア	3.90%
日本	3.60%
ブラジル	3%
インド	2%
メキシコ	1.30%
南アフリカ	0.30%
チリ	0.30%

※国際エネルギー機関調べ

<u>する「マルチパスウェイ戦略」を掲げてハイブリッドや燃料電池、水素エンジンなど様々な環境技術の開発を続けてきた</u>。

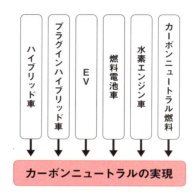

■ トヨタ自動車の「マルチパスウェイ戦略」

ハイブリッド車／プラグインハイブリッド車／EV／燃料電池車／水素エンジン車／カーボンニュートラル燃料 → カーボンニュートラルの実現

吉田：トヨタが判断を誤ったってことですか。

アカツキ：そうとも言えない。トヨタをはじめとする日本メーカーには、<u>世界に先駆けて実用化したハイブリッド車という優れた環境技術</u>がある。欧州系のメーカーは日本勢と同じ土俵で闘わなくて済むよう、各国政府やEUも巻き込んで一気にEVへの切り替えを目論んだという面も指摘されている。

吉田：政府を巻き込むってどういうことですか。

アカツキ：2022年、EUは2035年にはガソリン車の販売を全面的に禁止することを決めた。このとき、日本勢が得意とするハイブリッド車や充電だけでも走れるプラグインハイブリッド車は、ガソリン車であると同時にEVでもあるにもかかわらず、販売禁止の対象にされてしまったんだ。EUを離脱したイギリスも2030年までにガソリンとディーゼル車の新車を販売禁止にする予定で、2035年にはハイブリッド車も対象にする。米カリフォルニア州も2035年までに排ガスを出す新車の販売を禁止する方針を示した。

吉田：それってほとんどいじめじゃないですか！

アカツキ：もちろん、最大の背景は人々の地球温暖化への危機感が高まり、温

室効果ガスを出すエンジンへの風当たりが強いことにある。トヨタの豊田章男会長が、二酸化炭素を出さない水素エンジンなどを念頭に「敵は温室効果ガスであって、エンジンではない」という趣旨の発言をしたところ、米ニューヨーク・タイムズ紙が「クリーンカーを主導したトヨタがクリーンカーを遅らせている」と痛烈に批判した。私は豊田氏の言ってることも正しいと思うが、当時、世界の人々の期待がＥＶに向いていたのは確かなようだ。

吉田：うーん。世界の人々がそう言ってるなら、従うしかないんですかね。

アカツキ：ただ、やはり急激すぎるＥＶへの転換には無理があって、エンジンで動く車の販売を続ける動きが次々と出てきている。一度はＥＶ専業化を決めたボルボとメルセデスは2024年、相次いでその方針を撤回した。**ＥＵは規制を正式決定したわずか５カ月後の2023年３月、環境負荷の小さい合成燃料の「e―fuel（イーフューエル)」で走る車は販売を認めると方針転換**した。イギリスもエンジン車の新車販売の禁止時期を2030年から2035年に延期したんだ。

吉田：おっと、なんだか急ブレーキですね。自動車だけに。

アカツキ：うまいこと言うな。ＥＵが2035年にエンジンで走る車の販売を禁止すると発表したあと、実はＥＵ内で大きな自動車メーカーを抱えるドイツやイタリアなどが例外措置を求めていたんだ。背景には、自国のメーカーが規制に対応しきれないことや、ＥＶの価格が高いことに国民が反発したことがあるといわれている。ＥＶは電池が高額なため、同じクラスのエンジン車に比べると割高になるからな。

吉田：環境に優しくても、高くなるんじゃお金のない人は困りますもんね。

アカツキ：その通り。ドイツ国民の間でもＥＶに比べると安価なエンジン車が買えなくなることへの懸念は強くて、公共放送ＡＲＤが2023年3月に行った世論調査では、エンジン車の販売禁止を「間違い」とした人は67％で、「正しい」の25％を大きく上回ったそうだ。

吉田：ＥＶに全力投球しなかった日本メーカーが正しかったんですね。

アカツキ：一時的にはそうなるかもしれないが、将来的に世界がＥＶへと向かう流れが無くなることはないとみられている。これまで日本メーカーのライバルはアメリカや欧州勢だったが、ＥＶでは電池メーカーが発祥のＢＹＤなど、中国勢も急激に世界シェアを伸ばしている。日本勢はＥＶ化の流れが鈍化したのを千載一遇のチャンスと捉えて、今こそＥＶに本腰を入れなければ、積み上げてきた「自動車大国」という立場を失うことにもなりかねない。

吉田：なるほど。先輩も今こそ部下の休暇と給料の倍増に本腰を入れなければ、積み上げてきた「吉田のお世話係」という立場を失うことにもなりかねませんよ。

アカツキ：そんな立場、大喜びで返上したいわ。

・合成燃料「e—fuel（イーフューエル）」

イーフューエルは水素と二酸化炭素から作られる燃料だ。ということは、自動車が走るときには二酸化炭素が出る。ただ専門家によると、イーフューエルを作るときに二酸化炭素を使うから、それを差し引くと二酸化炭素の排出量はガソリンよりも7割以上減るという。

イーフューエルの課題の一つは価格の高さだ。ドイツのシンクタンクは、条件次第でガソリンの3〜8倍程度になると試算している。大きなコストになるのが、水を電気分解して水素を作り出すための電気代だから、風力発電や太陽光発電の電力が安い発展途上国などで製造することで、ガソリンとほぼ変わらない価格にできる可能性もあるそうだ。

ちなみに新車販売台数が世界6位のブラジルでは、植物由来のエタノールが自動車の燃料として広く使われている。エタノールはガソリンよりも2〜3割ほど安いし、ブラジルで売られているガソリンにはそもそもエタノールが27%混ぜられている。エタノールが燃えたときに出る二酸化炭素は元々植物が大気から取り込んだものだから、大気中の二酸化炭素が増えることはない。ただ、日本や欧米で普及させるには、給油所や自動車側の対応が大変らしい。

どれ、俺が「二酸化炭素ゼロ・激安・安心燃料製造装置」を発明してやるか。

・EVとBEV

電気自動車の表記として、最近は「EV」以外に「BEV」という書き方も目にする。EVは電気で動く車の総称としても使われる一方、BE

Ｖは「バッテリーＥＶ」、つまり電池のみで動く車のことをいう。

電気で動く車（ＥＶ）には、ＢＥＶ、エンジンとモーターを組み合わせて走るハイブリッド車＝「ＨＥＶ（ＨＶと書く場合も）」、給油と充電の両方でエネルギーを補給できるプラグインハイブリッド車＝「ＰＨＥＶ」、充電ではなく水素を補給して、その水素から電気を起こして走る燃料電池車＝「ＦＣＥＶ（ＦＣＶと書く場合も）」の計４種類がある。

ちなみに、「ＺＥＶ」や「ＮＥＶ」という表記も目にするが、これらは「○○ＥＶ」の一種ではなく、それぞれ「ゼロエミッションビークル」「ニューエナジービークル」の略だ。

俺が発明したトラック型の「夜逃げマシーン」も電動にして「ＹＮＧＥＶ」と呼ぶか。

・日本メーカーのＥＶ戦略

トヨタ自動車は21年12月、2030年に350万台のＥＶ販売を目指すと宣言している。実現すれば、2022年（2.4万台）から８年間で約150倍というとんでもない伸び率だ。2023年５月にはＥＶ開発の専門組織を立ち上げ、５兆円を投資することを明らかにした。

ホンダは2030年までに世界でＥＶ30車種を展開し、年間200万台のＥＶを生産する目標を掲げている。安価なＥＶを欧州や中国などに投入して販売台数を伸ばす戦略だ。その一環として米ゼネラル・モーターズと量販型ＥＶの共同開発を進めていたが、23年10月に断念し、今度は日産自動車と距離を縮めている。

日本勢で最もＥＶに積極的なのが、その日産自動車だ。2023年９月には、2030年までに欧州に投入するすべての新型車をＥＶにすると発表した。

ここにはハイブリッド車は含めないという。

日本勢のEVシフトが遅れた理由の一つに、部品メーカーなどを含む自動車産業の裾野の広さへの配慮がある。エンジン車の部品は1台約3万点といわれるのに対し、電気自動車は約2万点。車種ごとに自動車メーカーと部品メーカーが協力して最適な部品を作る「すり合わせ」といったノウハウの重要性も薄れ、部品メーカーにとってEV化は経営悪化や人員削減の原因になりかねない。

自動車は今や日本の基幹産業だから、各メーカーは日本経済全体への影響も考えざるを得ない。俺も、発明品を組み立てるために近所のおばあちゃんたちを雇うか。

先輩大変です。熊本にめちゃくちゃ大きな工場ができて、「半胴体」を大量に作り出してるそうです。

11 日の丸半導体、復権?

日本の半導体はなんでこんなに世界と差をつけられちゃったんですか！

吉田：ぎゃあ！　先輩大変です。熊本にめちゃくちゃ大きな工場ができて、「半胴体」を大量に作り出してるそうです。胴体が半分しかない怪人が攻めてくる前に逃げないと。

アカツキ：落ち着け吉田。それは「半胴体」じゃなくて、コンピューターの頭脳にあたる「半導体」だ。**台湾の台湾積体電路製造**、通称**ＴＳＭＣ**という会社が2024年に熊本県菊陽町に新工場を完成させた。第２工場も建設される。従業員や建設作業員向けの住宅などに使おうと近くの土地がどんどん買われ、全国の地価の動きを示す公示地価では、工場に隣接する大野町と菊陽町の商業地が全国１、２位の上昇率となるなど、熊本だけでなく九州全体でも大きな経済効果が出ている。

吉田：半導体は胴体じゃなくて頭脳なんすね。って、なんで工場で頭脳を作るんですか。しかも地元がそんなに儲かるなんて、わけがわかりません。

アカツキ：半導体は、細かい回路の中に電気を通すことで情報を記憶したり、計算したりする部品だ。家電などを分解したときに、配線の中にある黒い四角い部品を見たことがないか？　あれが半導体だ。**TSMCは世界中の企業から半導体の生産を請け負う「受託製造」のビジネスモデルで世界シェアの約60%を占め、圧倒的な地位を誇る**。2023年の売上高は約10兆円で、2024年7月末の時価総額では世界12位。ちなみに、

TSMCの第1工場＝熊本県菊陽町

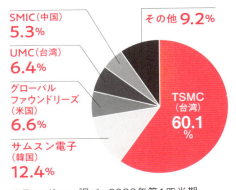

■ 半導体ファウンドリーの世界シェア

※Trendforce調べ、2023年第1四半期

日本で最も時価総額が高いトヨタ自動車は36位だ。

吉田：トヨタより大きいんですか！　でもなんで台湾の会社が熊本に工場を建てるんですか。もしかして、あのほっぺが赤い熊のキャラクターが目当てですか。

アカツキ：実は、日本政府が熱心にTSMCを誘致した結果なんだ。政府は第1工場に4760億円、第2工場に7320億円の補助をする。第1、第2工場を合わせた投資額は200億ドル、約2兆9000億円を超えるとみ

115

られているが、およそ4割は補助金でまかなえる計算だ。日本の中でも熊本が選ばれたのは、ＴＳＭＣとスマホカメラ向け部品などで協業関係にあるソニーが熊本に半導体工場を持っており、その隣接地に大きな工場用地が確保できたからだといわれている。

吉田：なんでそんな大金を出して台湾の会社を呼んだんですか。日本の会社じゃダメだったんですか。

アカツキ：いい質問が二つ続いたから、分けて答えるぞ。まず、**日本が台湾のＴＳＭＣを誘致したのは、中国が台湾を武力で統一しようとする可能性が否定できないことが大きな理由**だ。先ほども言ったようにＴＳＭＣは世界最大級の半導体メーカーで、家電や自動車などあらゆる製品にＴＳＭＣの半導体が使われている。もしも中国と台湾の間で戦争が起きたら、ＴＳＭＣから半導体が調達できなくなり、日本の製造業はとんでもない打撃を受ける。コロナ禍のころ、日本の自動車メーカーは半導体が不足して生産が滞った苦い経験がある。工場誘致でＴＳＭＣの半導体が国内で安定的に供給されることは大きなメリットだ。だから、熊本の第１工場には自動車部品メーカーの

デンソーが出資し、第2工場にはトヨタ自動車も出資する。

吉田：台湾と中国が戦争になったら、台湾の工場だって無事じゃ済まない
かもしれませんしね。

アカツキ：その通りだ。実は**日本と同様、アメリカやドイツも多額の補助金を
出してＴＳＭＣの工場を誘致し、建設にこぎ着けている**。これまで
ＴＳＭＣは技術流出の心配もあって、積極的に海外に工場を作って
こなかった。今回はＴＳＭＣ側にも台湾有事に備えて海外に生産拠
点を持っておきたいという事情があったことが、誘致成功につながっ
たとみられている。

吉田：ってことはＴＳＭＣ、いろんな国の補助金で海外の工場を増やして
るわけですか。けっこう商売上手ですね。

アカツキ：そしてもう一つの質問、なんで日本企業じゃダメだったか。もう吉田
にも答えが見えてきたんじゃないか？

吉田：えーっと、くまモンが台湾料理好きだからですかね。ルーローハンと
か、シェントウジャンとか。

アカツキ：あぁ、シェントウジャンは朝食にいいよなぁ……ってそうじゃない。
とても残念なことだが、**日本企業では世界のトップを走るＴＳＭＣ
の代わりは務まらないから**だ。半導体の性能は回路の線の幅で表され、
ＴＳＭＣは世界で最先端の「3ナノメートル」の技術を持つ。ナノ
は10億分の1だから、とんでもない細かさだ。熊本の工場で作る半
導体は最先端のものではなく10〜20ナノメートル台の製品とみられ
ているが、実は日本メーカーの技術では40ナノメートルまでしか作
れない。**日本は高額の補助金を出すことで、自分たちには作れない
レベルの半導体を国内で作ってもらう必要があった**ということなんだ。

吉田：日本の半導体の技術って、世界からそんなに遅れてるんですか。なんだか悲しい気分です。

アカツキ：日本はかつて「半導体王国」と呼ばれた時代があったが、ＴＳＭＣや韓国のサムスンといったライバルとの競争に敗れ、いまや世界シェアは10％程度に低迷している。半導体が強かった時代の名残で、いまのところは半導体を作るための製造装置や、半導体の生産に不可欠な素材の生産では強みを持っている。でもこのまま日本の半導体産業が衰退すれば、製造装置メーカーや素材メーカーすら海外に流出してしまうと心配されてきた。ＴＳＭＣの工場誘致は、これらの半導体関連産業にとっても、大きな追い風になると期待されている。

吉田：本当は日本の半導体メーカーが世界のトップに返り咲いて

■ **半導体の出荷額の推移**

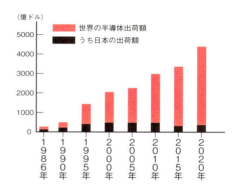

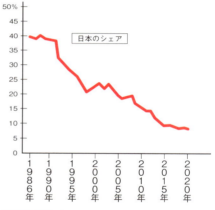

※WSTS調べ

建設が進むラピダスの工場＝北海道千歳市

くれるのがうれしいですけど、叶わぬ夢なんですね。

アカツキ：ところが、日本政府はその夢も諦めちゃいないんだ。経済産業省が主導して設立した**新会社「ラピダス」が、米ＩＢＭが設計した「2ナノメートル」の半導体を日本で生産する計画が進んでいる。** ２ナノはＴＳＭＣの最新技術を上回る、世界最高レベルだ。トヨタ自動車やＮＥＣなど8社も出資を決め、北海道千歳市に工場を建設しているところだ。ラピダスへの国の支援は2022年度からの累計で9200億円にのぼっている。

吉田：熊本の次は北海道、しかも9200億円って、そんなに半導体に投資しちゃって本当に大丈夫なんですか。ほかに使い道がある気がするんですけど。

アカツキ：斎藤健経産相（当時）は「ラピダスが取り組む次世代半導体は、生成ＡＩや自動運転など、日本産業全体の競争力のかぎを握る」と説明している。半導体だけの問題じゃなく、日本の産業の未来を左右するからこその巨大投資というわけだ。ただ、同じように経産省が旗を振ってＮＥＣ、日立製作所、三菱電機の事業を統合したエルピーダメモリは「日の丸半導体復権」のかけ声もむなしく、経営破綻に追い込まれた。私たちの税金が使われてるんだから、今度こそうまくいってほしいがな。

吉田：旗を振ればうまくいく、ってわけにはいきませんよね。旅行のガイドさんじゃないんだから。

アカツキ：うまい。大事なのはどこに到着するかだな。

・日本の半導体産業

1980年代から90年代初頭に世界シェアの50％ほどを握り圧倒的な存在だった**日本の半導体産業が凋落したのは、日本が得意な「垂直統合」というものづくりのやり方が大きな原因**だ。垂直統合とは、最終製品を作る組み立てメーカーから、小さな部品を作る下請けまでが一体となって行うものづくりで、自動車は今でもその手法が続く。

日本の半導体は大型コンピューターや通信機器、テレビなどを作る電機メーカーの一部門として、「メイドインジャパン」の製品が世界を席巻する中で急成長した。各社が自社製品に合わせて磨き上げた半導体が高性能だったから、半導体単体でも売れた。だがこのやり方では、少量ずつ様々な半導体を作る必要があるので、コストが高くつく。自社の最終製品が売れないと、半導体への投資も滞ってしまう。

一方、韓国のサムスン電子などは一定レベルの性能を持つ半導体を大量

■ 半導体売上高のシェア

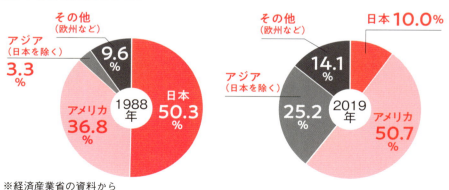

※経済産業省の資料から

に作り、世界中のメーカーに買ってもらう戦略を採った。1990年代にはパソコンなどデジタル製品の普及に合わせて急激に売り上げを伸ばし、利益を投資に回して技術力も高めていった。

半導体は日進月歩の世界。投資の遅れは技術力の遅れに直結する。1990年代後半には、日本の半導体はコストでも性能でも世界のライバルに太刀打ちできなくなっていた。……っておいおい、自分でも落ち込んできちまった。元気出そうぜ、日本！

・エルピーダメモリ

経済産業省が主導し、ＮＥＣと日立製作所のＤＲＡＭ部門を統合して1999年に設立。2003年に三菱電機の同部門が合流したことで国内のＤＲＡＭ事業は事実上１社態勢となり、「日の丸半導体」と呼ばれた。2009年には300億円の公的資金も注入された。

ＤＲＡＭは半導体の中でもデータの記憶に特化したもので、構造が単純で安価なため大量に使われる。日本は1980年代終わりには世界のＤＲＡＭシェア７割超だったが、アジア勢などとの投資競争に立ち遅れる中であっという間にシェアを落とした。

エルピーダ設立の実態は苦境に陥ったＤＲＡＭ部門を切り離したいＮＥＣ、日立、三菱への救済措置で、当初から「弱者連合」と揶揄されていた。エルピーダはＤＲＡＭ価格の下落と円高による利益減に耐えきれず、2012年に会社更生法の適用を申請し経営破綻した。あとから見ると、最初から無理筋だったように見えるんだがな……。

121

12 日本の宇宙開発

日本人が月に行くなら、ちゃんとウサギを見つけてきてください！

吉田：先輩、近所のおばさんが「月にはウサギなんていない」って言うんですけど、そんなことないですよね？ ぼく、お母さんからちゃんと「月ではウサギが餅をついている」って教えてもらいましたよ。

アカツキ：う、うーん。夢を壊すようで悪いが、月にウサギはいない。そもそも空気がほとんどないから、ウサギだろうが人間だろうが、宇宙服を着ていなければすぐに死んでしまう。

吉田：そんなバカな。どうやって確かめたんですか。

アカツキ：1960年代のアポロ計画以来、有人、無人合わせてたくさんの探査機が月に着陸してきた。最近でも、2024年1月に日本の月探査機「ＳＬＩＭ」が月面にピンポイント着陸して、月の様子を地球に送ってきている。2007～2009年にはやはり日本の探査機「かぐや」が約1年半にわたって月を周回し、月面の様子をつぶさに観測したが、もちろんウサギもかぐや姫もいなかった。かぐやは「アポロ計画以来最

大の月探査」と呼ばれ、このとき作った詳細な月の地形図は各国の月探査に大きく役立っているんだ。

吉田：宇宙ってアメリカとかロシアとかが調べてるもんだと思ってたんですけど、日本もちゃんとやってるんですね。

アカツキ：ちゃんとやってるどころか、人類が宇宙で活動する上で日本の存在は絶対に欠かせないと言っていい。国際宇宙ステーション、ＩＳＳに物資を運んできた日本の無人物資輸送船「こうのとり」は、2011年にアメリカのスペースシャトルが退役してからは、大型の貨物を運べる唯一の手段として地球とＩＳＳをつないできた。2009年の初飛行から2020年まで、９回の飛行をすべて成功させたんだ。こうのとりはこれで退役し、次回からは輸送能力を約1.5倍に増強し、将来の月探査にも使える次世代機「ＨＴＶ－Ｘ」が投入される予定だ。

吉田：へぇ！　アメリカにもロシアにもできないことが日本にはできるって、すごいですね。こうのとりの９回目からけっこう時間経ってますけど、その「ＨＩＪ－Ｋ」はいつ打ち上げられるんですか。

アカツキ：一文字しか合ってないぞ。で、打ち上げ時期だがな……未定なんだ。実は、ＨＴＶ－Ｘを宇宙に運ぶはずだった日本の最新型ロケット「Ｈ３」１号機の打ち上げが、2023年３月に失敗してしまった。これまで「こうのとり」を打ち上げてきた「Ｈ２Ｂ」は、改良前の「Ｈ２Ａ」の時代も合わせて打

ISSに接近するHTV＝画像提供：JAXA／NASA

上げ成功率98.24％という高い信頼性を保ってきただけに、この失敗は日本の宇宙開発にとって大きな痛手だった。2024年2月にあった「Ｈ３」２号機の打ち上げは成功したが、世界で信頼されているロケットの打ち上げ成功率は平均で約95％。これからたくさんの成功を重ねて信頼を勝ち取っていく必要がある。

吉田：じゃあ、無理せずにその「Ｈ２Ａ」や「Ｈ２Ｂ」を使えばいいじゃないですか。

アカツキ：ロケットの打ち上げには巨額の費用がかかるが、海外のロケットは人工衛星を打ち上げたい海外の政府や民間企業から費用を受け取ってまかなう例が多い。だが「Ｈ２Ａ」や「Ｈ２Ｂ」は費用が高いため、海外からの打ち上げ受注に苦戦してきた。実は、2007年からこれらのロケットの打ち上げは三菱重工という会社が行っていて、採算が取れないとビジネスを続けられなくなる恐れもある。「Ｈ３」はこれまで１回約100億円かかっていた打ち上げ費用を50億円に削減して、海外からの受注を大幅に増やそうとしているんだ。

吉田：半額はすごいですけど、それでも50億円かぁ。ぼくのお小遣いじゃちょっとだけ手が届きませんね。

アカツキ：大きく出たな。それなら日本の民間企業「スペースワン」が開発し

打ち上げに成功した
Ｈ３ロケット２号機

た小型ロケット「カイロス」がおすすめだ。打ち上げ費用は8億円で済むぞ。どうだ、安いだろ。

吉田：やだなぁ先輩。8000円だって出せるわけないじゃないですか。でもそっちのロケットはなんでそんなに安いんですか。

アカツキ：打ち上げ費用は、運びたいものが重いほど高く、軽ければ安くなる。「H3」は重い物を運ぶために液体水素を燃やして飛ぶが、カイロスはロケット花火と同じように固体燃料を燃やして飛ぶから、軽い物しか運べないがグッと安上がりなんだ。元々、日本のロケットには液体燃料を使う「H2A」などと、固体燃料を使う「イプシロン」などの2系統がある。カイロスはこのイプシロンを開発してきた「IHIエアロスペース」という会社が経営に加わっているから、日本の固体燃料系の最新型ともいえるロケットだ。

吉田：あれ？　でもたしかカイロスって……。

アカツキ：意外によく知ってるな。そう、カイロスの1号機は2023年6月に打ち上げられ、わずか5秒後に爆発した。2023年は液体燃料のH3、固体燃料のカイロスという日本の最新ロケット1号機がともに失敗

筑波宇宙センターに展示されている日本の歴代ロケット模型。左から「ペンシルロケット」、「N-Iロケット」、「N-IIロケット」、「H-Iロケット」、「H-IIロケット」、「H-IIAロケット」、「H-IIBロケット」、「H3ロケット」、「イプシロンロケット」、「強化型イプシロンロケット」＝茨城県つくば市、ＪＡＸＡ提供

するという、日本の宇宙開発にとって試練の１年になってしまった。

吉田：けっこうやばいですね。これからの日本の宇宙開発はどうなっちゃうんですか。

アカツキ：ロケットについては、起きた事故の原因をしっかり究明して次の成功につなげ、信頼を積み重ねていくしかない。早くロケットの信頼性が確立されないと、さっき話した「ＨＴＶ－Ｘ」のように、ほかの計画も遅れてしまうからな。

吉田：ほかの計画って、月を真っ二つにしたり地球をドドメ色に染めたりする以外に何があるんですか。

アカツキ：そんな計画はない。日本はアメリカが主導する有人月探査計画「ア

ルテミス計画」に参加していて、2028年に日本人宇宙飛行士を月面に送り込もうとしている。計画では、月を周回する有人宇宙ステーションを拠点に月面を目指すことになっていて、このステーションへの物資運搬にＨＴＶ－Ｘが使われる。ほかにも、人類史上初めて火星の衛星から試料を持ち帰る探査機「ＭＭＸ」を2026年に打ち上げる計画もあるし、2020年に小惑星「リュウグウ」の試料を持ち帰った「はやぶさ２」が、今度は2026年に別の小惑星を観測することにもなっている。

吉田：おお。日本人が月に行けば、ウサギがいるかちゃんと確かめてもらえますね！

アカツキ：その日まで夢を持ち続けるのもいいかもしれないな。

レオナルド博士の用語解説

・ペンシルロケットからカイロスへ

日本の宇宙開発の原点とされるのが、糸川英夫・東大教授（当時）らが開発した全長23センチで鉛筆のような形の「ペンシルロケット」だ。1955年に東京都国分寺市で行われた29機の試射は、上空ではなく横に向けて打ち出して軌道を確認した。日本の固形燃料式ロケットはこの流れを受け継ぎ、日本初の人工衛星を打ち上げた「ラムダ」、小惑星探査機はやぶさを運んだ「ミュー5」、そして現在のイプシロンへと進化してきた。

糸川教授とペンシルロケット
＝ＪＡＸＡ提供

2023年に打ち上げを迎えた「カイロス」は、時をつかさどるギリシャ神話の神の名に由来する。全長約18メートル、直径約1.4メートル、重さ約23トン。高さは奈良・東大寺の大仏（台座を含む）とほぼ同じで、重さは荷物を載せた大型トラック並み。形や構造はイプシロンにそっくりで一回り小さい「ミニ・イプシロン」ともいえるロケットだ。2018年に発足した民間企業「スペースワン」が手がけるが、短期間で開発できたのはイプシロンの開発を主導してきた「ＩＨＩエアロスペース」が参画していることが大きい。

コスト削減のため管制の手順は自動化され、安全に飛行しているか監視

する作業もロケットが自律的に担う。今回の爆発も、ロケットが自ら自爆を判断した。**成功すれば世界でもかなり低価格な打ち上げサービスになるはずだったカイロスには厳しいスタートになってしまった**。出ばなをくじかれちまったが、諦めてほしくないよな。失敗は成功の母だぜ。

・ロケット打ち上げ基地

「Ｈ３」など液体燃料のロケットを打ち上げる宇宙航空研究開発機構（ＪＡＸＡ）の「種子島宇宙センター」は鹿児島県の南に浮かぶ種子島に、イプシロンロケットを打ち上げる「内之浦宇宙空間観測所」も同じ鹿児島県、大隅半島の肝付町にある。

ロケットの発射場は、赤道に近いほど有利だ。地球は回転する球体なので、赤道に近い地点ほど回転軸から遠く、自転スピードが速い。**ロケットを自転と同じ東向きに打ち上げて自転スピードを利用することで、燃料を少なく、積み**

種子島宇宙センター

129

荷を多くできる。さらに事故や不具合を想定して人家や他国の領土が遠い海へ向かって打ち上げることも考慮し、種子島や内之浦が選ばれたという。ちなみに、アメリカ・ＮＡＳＡの発射場も北米大陸から南に突き出したフロリダ半島の西岸にある。

種子島宇宙センターは空と海と白い砂浜に囲まれた岬の近くに発射場があり、「世界一美しいロケット発射場」と呼ばれる。内之浦宇宙空間観測所は海岸線まで迫った山の斜面を覆う森から建物などがのぞき、「秘密基地」のような風情だ。ちなみに俺たち鷹の爪団の秘密基地は、ちんまりとした物置小屋のような風情だ。

・ＳＬＩＭと２機の探査ロボ

2024年1月に月面に着陸した日本の探査機「ＳＬＩＭ」は、上下逆さまの「逆立ち」状態で着地していた。この決定的な姿を地球に送ったのが、ＳＬＩＭに搭載されていた２機の小型ロボットだ。

月面探査機SLIMに搭載されたLEV-1（左）とLEV-2（右）＝JAXA提供

<u>重さ約250グラム、野球ボールほどの大きさと形の「ＬＥＶ-２（レブツー）」</u>は着陸後、中央が割れるように変形して月面を転がって移動し、ＳＬＩＭの画像を撮影した。そのデータを相棒の「ＬＥＶ-１（ワン）」が無線通信で受け取り、約38万キロ離れた地球に直接送信した。

　ＬＥＶ-２は二つの半球が少しずれた軸で回転し、よたよたと前進する。<u>砂浜でも埋もれず進む孵化直後のウミガメをヒントに、大手玩具メーカー「タカラトミー」に勤務していた渡辺公貴・同志社大教授が開発</u>。月面で活動した最小・最軽量のロボットになった。ＬＥＶ-１は重さ約２キロ、バスケットボールほどの機体に仕込まれたバネをモーターで縮め、びょーんとジャンプする。データから６回のジャンプに成功したことがわかり、カエルのように月面を数メートル跳びながら移動できたようだ。大きな岩石を乗り越える新たな移動手段になるかもしれない。こんな小さな、おもちゃのようなロボットたちが偉業を達成したなんて、泣かせるな。

131

認知度が低い人でも記憶力がよくなる薬が発明されたってテレビで言ってたような……それもすっかり忘れちゃいましたけど。

13 認知症治療薬

日本メーカーが作ったすごい認知症の薬って、レレレノレでしたっけ！

アカツキ：吉田、昨日頼んだ仕事どうなった？　あと、先週頼んでおいた原稿もまだ来てないぞ。

吉田：あ、両方すっかり忘れてました。最近物忘れが激しくて。そう言えば認知度が低い人でも記憶力がよくなる薬が発明されたってテレビで言ってたような……それもすっかり忘れちゃいましたけど。

アカツキ：それは認知度じゃなくて、認知症の治療薬のことだろう。2023年9月、「レカネマブ」という認知症治療のための画期的な新薬が国内でも正式に承認された。あくまでも認知症の薬だから、吉田が飲んでも記憶力がよくなるわけじゃないぞ。

吉田：そもそも認知症ってなんでし

エーザイが開発したアルツハイマー治療薬「レケンビ」＝同社提供

たっけ。

アカツキ：**認知症は脳の神経の働きが失われていく病気が原因で認知機能が低下して、社会生活がうまく送れなくなっている状態のこと**だ。厚生労働省が示す推計では、国内の患者数は2022年時点で443万人。2040年に584万人となり65歳以上の15％を占める。世界保健機関（WHO）によると世界には5500万人の患者がおり、毎年1000万人が新たに発症しているという。**半数以上は「アルツハイマー病」が原因**で、「アルツハイマー型認知症」とも呼ばれる。ほかにもレビー小体病、脳血管障害などが原因の認知症がある。

吉田：アルツハイマーって聞いたことありますけど、デラックスファイターの必殺技だと思ってました。

アカツキ：あまり世間に知られていない鷹の爪のキャラクターを出して読者を戸惑わせるのはやめてくれ。ドイツのアロイス・アルツハイマーという医学者が報告したから、こう呼ばれている。認知症の主な症状は、記憶力や判断力の低下、時間・場所がわからなくなる見当識障害、料理などの段取りがうまくできなくなる実行機能障害などがある。

アルツハイマーって聞いたことありますけど、デラックスファイターの必殺技だと思ってました。

あまり世間に知られていない鷹の爪のキャラクターを出して読者を戸惑わせるのはやめてくれ。

吉田：でも年を取ると誰でも物忘れが多くなりますよね。それと認知症はどう違うんですか。

アカツキ：たとえば、昨夜食べたおかずが思い出せないのは年齢を重ねることで生じやすくなる物忘れだが、認知症の症状だと、昨夜食事をしたこと自体を忘れてしまうこともある。物忘れから始まり、自分のいる場所すらわからなくなる。だんだん理解力や判断力がなくなっていき、重度になると家族や親しい人の顔も識別できなくなる。

吉田：単なる物忘れじゃなくて、病気なんですね。何が原因で病気にかかっちゃうんですか。

アカツキ：病気の原因はまだ完全には解明されていないが、近年の研究で、<u>脳の中に「アミロイドβ（ベータ）」というたんぱく質がたまって、神経細胞がだんだん働きを失っていくことが原因の一つ</u>とわかってきた。吉田がテレビで見た<u>新薬の「レカネマブ」はこのアミロイドβを減らす画期的な治療薬</u>だ。

吉田：へぇ。でもどうやってそんな働きがあるって確かめたんですか。

アカツキ：治験という研究で有効性が確かめられたんだ。治験は患者を二つのグループに分

■ レカネマブの仕組み

脳内の神経細胞の外側に、たんぱく質「アミロイドβ」が固まり、蓄積する

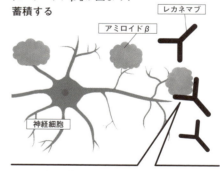

1. レカネマブがアミロイドβの塊にくっつく
2. 免疫細胞によって脳内から除去される

「認知機能低下を防ぐ」と期待

け、一方には本物の薬、もう一方には効果がないニセの薬を、本人たちにはどちらを飲んでいるかわからないようにして投与することだ。1800人に治験に参加してもらい、記憶力や判断力、社会活動など6項目の合計点で認知症の程度を評価したところ、18カ月間レカネマブを投与された人は、偽薬の人と比べて悪化の程度が27%抑えられた。その後も薬の投与を続けた人は、偽薬の人と比べて症状の進行が約7カ月半遅かったという。

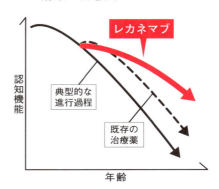

■ レカネマブに期待される効果の概念図

吉田：レレレノレがすごいことはわかりましたけど、認知症の治療薬っていままでなかったんですか。

アカツキ：レカネマブな。初めての認知症治療薬はアリセプトという薬で、国内では1999年から使われ始めた。脳内の神経伝達を助ける働きがあって認知症の症状を和らげるが、根本的な治療薬ではない。アメリカでは2021年に、今回のレカネマブと似た働きが期待された「アデュカヌマブ」という薬が条件付きで承認されたが、その後有効性が確認されず、製造販売元が販売を中止した。

吉田：じゃあ、そのラリルレロは認知症の患者さんたちにとって待ちに待った新薬なんですね。

アカツキ：レカネマブだ。しかもこの薬は、**日本の製薬大手「エーザイ」がアメ**

リカの製薬会社「バイオジェン」と共同開発した、日本にもゆかりの深い薬だ。同じエーザイとバイオジェンが共同開発した「アデュカヌマブ」がうまくいかなかっただけに、日本の患者さんたちの間では特に期待が大きい。

吉田：レオパルドが日本メーカーの薬とは知りませんでした。日本の患者さんたちもこれで安心ですね。

アカツキ：レ・カ・ネ・マ・ブ！ 「これで安心」はちょっと言い過ぎだろうな。**レカネマブを使えるのはアルツハイマー病の初期段階や、病気の前段階である軽度認知障害の人だけだし、認知症を根治させるわけではなく、あくまでも症状の進行を遅らせる薬**だ。それに、治験は18カ月間だったが、そのまま投薬を続けたとして悪化抑制がどれだけ続くのかはまだはっきりしない。実力はこれから十分に検証しないと見えてこない。

吉田：そうか、全く新しい薬だから、長く使ってるとどうなるのか誰も知らないですもんね。

アカツキ：副作用の心配もある。治験では、レカネマブを使った人の12.6％に脳内のむくみ、17.3％に微小な出血が報告されている。偽薬を使った人はむくみが1.7％、微小出血が9.0％しかなかったから、かなり高い割合だ。薬がアミ

■ レカネマブが抱える課題

薬の対象者

| 軽度認知障害 | 軽度認知症 | 中等度認知症 | 重度認知症 |

↓
早期アルツハイマー病

普及への課題

早期が対象者となるが、自分や家族が病気に気がつきにくい

アミロイドβの脳への蓄積の検査が高額で、対応施設も限られる

浮腫などの副作用に備え、MRI（磁気共鳴断層撮影）が必要

ロイドβを除去する過程で血管がもろくなる人が一部にいるため、経過を注意深く見ていく必要がある。

吉田：副作用は風邪薬にでもありますけど、この場合は脳だから気をつけなきゃなぁ。

アカツキ：費用の問題もある。レカネマブは点滴で投与し、体重によって必要な量が違う。薬の値段は体重50キログラムの人で年間約298万円だ。

吉田：高い!!

アカツキ：といっても、公的医療保険が適用され、「高額療養費制度」というしくみを使えるので、投与された人が70歳以上で年収158万～約370万円なら、自己負担は年14万4000円で済む。ただ、残りは保険でまかなうことになる。使用前にはＰＥＴという装置でアミロイドβの蓄積を確かめる検査が、投薬中には脳に副作用が出ていないかをＭＲＩという装置で調べる検査が必要で、そちらにも費用がかかる。今後レカネマブを使う人が増えれば医療保険でまかなう金額も増え、保険財政を圧迫してしまう恐れもある。

吉田：うーん、お金かぁ。それでもやっぱり、うちの母や総統がもし認知症にかかったらレオナルドで少しでも長く症状の進行を食い止めたいです。

アカツキ：レカネマブだっ!!

■ 治療の流れ

使う前に
アミロイドβが脳内に蓄積していることを検査で確認

使い方
２週間に１回の点滴
↓
副作用（脳内に微小出血など）が出ていないか

MRI検査を実施
開始から６カ月以内に３回
＝２カ月以内、３カ月以内、６カ月以内
以降は６カ月に一度
↓
使用期間は原則18カ月

・軽度認知障害

<u>記憶力の低下などの症状があっても、家事や買い物などの日常生活では支障が出ていない状態のこと</u>。ＭＣＩともいう。認知症となる手前で、その後に生活機能障害が出て認知症に移行する場合もあれば、運動や食事などの生活習慣の見直しといった認知症予防の取り組みで、健常な状態に戻る可能性もある。厚生労働省によると、<u>ＭＣＩの人のうち、5〜15％程度の人が1年で認知症に移行する一方、16〜41％程度の人は1年で健常な状態になる</u>という。軽度の認知症とともにレカネマブの投与対象とされるため、症状に早めに気づいて治療を開始すると症状の進行を食い止められる可能性がある。がんを含めて多くの病気に言えることだが、早めに診断を受けて治療することが何より大切なんだな。

・コロナとアルツハイマー

<u>新型コロナウイルス感染症の罹患後症状（いわゆる後遺症）として、認知機能障害やアルツハイマー病のリスクが上がる</u>という報告が海外で相次いでいる。コロナ後遺症には、息切れや疲労感などのほか、頭痛や味覚障害、嗅覚障害などの症状がある。記憶力や注意力が衰える認知機能障害も起きやすくなる。

米医学誌ネイチャーメディシンに2022年9月、コロナに感染した約15万人を含む米国の退役軍人のデータを基にした大規模研究の結果が掲載された。感染後のアルツハイマー病のリスクが高まり、感染した人が1年後にアルツハイマー病になるリスクは感染していない人の2.03倍、記

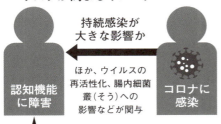

※下畑享良・岐阜大教授に朝日新聞が取材

憶障害は1.77倍だった。英医学誌ランセットサイカイアトリーに2022年8月に掲載された128万人の国際的な研究では、コロナ感染後に認知症になるリスクは、2年以上続いていた。

コロナ後遺症に関する厚生労働省の診療の手引の編集委員会メンバーで、複数の論文を分析した下畑享良・岐阜大教授（脳神経内科）は「新型コロナは認知症の新たな危険因子。脳にも影響を与えると知ってほしい」と警鐘を鳴らす。

後遺症が起きるメカニズムは、明確にはわかっていない。23年1月のネイチャーレビューに掲載された論文は、持続感染やウイルス再活性化、腸内細菌叢への影響、自己免疫などの六つを示し、その複数が関与して発症すると説明している。六つの中で最も重要と考えられるのが持続感染という。検査で陰性になっても、臓器にウイルスがひそんでいて新たなウイルスが複製される。診断後7カ月たった人の便からウイルスのRNAが検出されたとの報告もある。

認知症になりやすくなる理由としては、脳の広い範囲で神経炎症が起き、アルツハイマー病の原因とされるたんぱく質、アミロイドβの蓄積を促進したり、ウイルスが脳細胞を融合させ正常に機能しなくなったりすることが考えられるという。おいおいコロナの野郎、こんな所にまで影響しちまうのか。いつまで悪さを続けるつもりなんだ……。

14 物流危機

シジミが届かないのは困るけど、運転手さんの体が心配です！

アカツキ：どうした吉田、珍しく元気が無いな。朝ご飯はちゃんと食べたのか。

吉田：朝ごはんどころか昨日から何も食べてません。島根の母さんから昨日届くはずだったシジミがまだ届いてないんですよ。あぁ、おなかいっぱいシジミが食べたいなぁ。

アカツキ：シジミの身でおなかいっぱいにするのは大変だと思うが、荷物が届かないのは**「物流危機（クライシス）」**のせいかもしれんな。以前は**「2024年問題」**とも言われていた。

吉田：空から恐怖の大王が降りてきて人類が滅亡するとかいう、例の予言ですか。

アカツキ：それは確か1999年に終わった話じゃなかったか。物流危機は、トラックやバスなどの**運転手に長時間労働を防ぐルールが適用されたことで運転手の人手が足りなくなり、荷物が届くのが遅くなったり、一部のバス路線を維持できなくなったりしている問題**だ。日本郵便は

2024年4月から「ゆうパック」の到着時間を東京―九州の一部など幅広い地域で半日程度遅らせたし、ヤマト運輸では同じ年の6月から出荷の翌日に荷物が届く範囲が大幅に縮小された。たとえば首都圏から中国、四国の広い範囲への配達が翌々日配達に変更されたんだ。

吉田：だからシジミが届かないのか！　でもなんでそんなルールを始めたんですか。運転手さんだけ特別扱いなんてずるいですよ。

アカツキ：違う、逆なんだ。**運転手さんなど一部の人たちだけ、いままでこのルールが適用されてこなかった**んだ。労働基準法は知ってるな？　1日8時間、週40時間を超える労働は原則的に違法な残業になるという法律だ。残業時間の上限は通常、月45時間、年360時間だが、特別な事情がある場合には上限を超えて働かせることもできた。運転手さんは長距離を移動するためサービスエリアなどに停めた車の中で休憩したり、荷物を積み下ろしする際に長い待ち時間があったりするため、どうしても働いている時間が長くなりがちで、「特別な場合」が当たり前になってしまっていた。

吉田：特別が当たり前になるって、なんだか怖いですね。運転手さんたちの体が心配です。

アカツキ：吉田の心配通り、こうした働き方が過労につながって、運輸業では脳や心臓の病気を突然発症する人が多くなった。そこで、2018年の法改正で新たに、「特別な場合」についても上限が

深夜のサービスエリアの駐車場に並ぶ物流トラック＝神奈川県海老名市

■ トラック運転手の労働時間ルール、どう変わった？

	これまで ▶	24年4月から	違反した場合
残業時間 労使合意が ある場合	上限無し	年960時間まで	運送会社の経営者らに 6カ月以下の懲役か 30万円以下の罰金
拘束時間	年3516時間 月293時間まで 労使合意があれば 月320時間まで	年3300時間 月284時間まで 労使合意があれば 年3400時間 月310時間まで	トラックの 使用停止の 行政処分
休憩時間	1日連続 8時間以上	1日連続 11時間以上 最低でも連続9時間以上	

設けられたんだ。**いくら会社と働く人たちが合意しても、残業は年960時間までしかできなくなった。車の中で仮眠を取るといった休憩時間を含めた「拘束時間」も、年3300時間まで**と決められた。

吉田：年3300時間の拘束って、めちゃくちゃ多くないですか？

アカツキ：そうだな、1年間の平日数で割ると、1日あたり13時間職場にいる計算だ。新しいルールで働く時間を減らしてもまだ1日の半分以上職場にいるわけだから、いままでがどれだけ過酷な環境だったかということだよな。

吉田：あれ？　先輩さっき2018年の法改正って言いませんでした？　けっこう昔じゃないですか。

アカツキ：法改正のうち、一般の労働者についての部分は2019年から大企業に、2020年からは中小企業に適用されたが、運転手さんは例外として新ルールが適用されてこなかったんだ。元々長時間労働になりやすい業種だから、ルールに合う働き方に変えていくのに時間がかかる、という理由だ。そしてついに2024年4月から、新ルールが適用された

というわけだ。

吉田：なるほど、だから2024年問題とも呼ばれたんですね。もし会社側が
このルールを破ったらどうなるんですか。市中引き回しの上、火あぶ
りの刑ですか。

アカツキ：悪質な違反へのペナルティーはあるが、そんなに血なまぐさい刑罰じ
ゃない。決まった労働時間を超えて働かせた場合、経営者らに６カ
月以下の懲役か30万円以下の罰金が科せられる。拘束時間の上限を
守らなかった会社は、国土交通省から車両の使用を一定期間禁じる
行政処分を受ける。

吉田：ちょっと甘い気もするけど、しょうがないか。でもこれでルールが
ちゃんと守られれば、運転手さんたちも大喜びですね。

アカツキ：いや、そういうわけでもないんだ。１日８時間を超える労働時間は、
残業として通常の賃金を割り増した残業代が支払われる。労働時間
が長ければ長いほど、この残業代が積み上がる計算だ。だから、た
とえば年間1300時間残業していた運転手さんが新ルールで960時間
の残業になれば、収入が大幅に減ってしまうことになる。長時間働
いてたくさんお金を受け取りたいと考えていた運転手さんにとっては、
大打撃だ。

吉田：そうかぁ、「夢に向かって、今は仕事に完全燃焼！」っていう人だっ
ていますもんねぇ。

アカツキ：新ルール適用で、運転手さんが仕事を失う可能性も出てきている。
たとえば、神奈川県内と大阪や兵庫を往復するトラック便を運行し
ていた神奈川県の会社は、この定期便からの撤退に追い込まれたそ
うだ。関西との往復をスケジュール通りに運行すると１日の残業が

143

4時間となり、上限の年960時間を超えてしまうためで、運転手さんたちにとっては、慣れ親しんだ仕事が急になくなってしまった。同じように長時間の運転が必要な長距離便が運行できなくなる例が、今後増えるかもしれない。

吉田：確かに運転手さんの場合、時間が来たからってその辺にトラックを置いて帰ってくるわけにもいかないですし……。じゃあ一体、どうしたらいいんですかね。

アカツキ：会社が社員を増やして1人あたりの労働時間を減らすという方法が一番いいが、経営が厳しいとそう簡単にはいかない。政府は、**輸送区間の中間地点で荷物を積み替える「中継輸送」や、輸送を鉄道や船に切り替える「モーダルシフト」の活用**を呼びかけているが、荷物を載せる場所から下ろす場所まで、どんな場所にも入っていけるトラック輸送の利便性は捨てがたく、どのくらい普及するかは見通せない状態だ。

吉田：見通せないと、一体どうなっちゃうんですか。ぼくのシジミはいつま

でも届かないんですか。

アカツキ：物流シンクタンクのNX総合研究所が2022年に試算したところ、**何も対策を講じなければ、2024年のトラックの輸送力は14.2%、運転手約14万人分不足してしまう計算**だった。

大分—神戸を結ぶ「フェリーさんふらわあ」。港ではトレーラーが出港を待っていた＝神戸市東灘区

業界では物流が滞る危機を回避するために、ライバル企業同士が共同輸送を始めたり、ヤマト運輸が荷物を大量に素早く運ぶための貨物専用飛行機を運航したりと様々な工夫が始まっている。私たちも運転手さんが再配達しなくて済むよう、きちんと時間指定して荷物を受け取るといった努力が必要だろうな。

吉田：あっ、そういえば昨日ポストに「荷物をお届けに上がりましたが、ご不在でした」っていう紙が入っていたのをすっかり忘れてました。シジミ、傷んでないかなぁ。

アカツキ：すぐに営業所に行って運転手さんとシジミに謝ってこい。

・ヤマトと日本郵政の協業

ヤマト運輸の親会社であるヤマトホールディングスと日本郵政は2023年6月、**小型荷物などの輸送業務で協業すると発表**した。ヤマト運輸は郵便がまだ国営だった1980年代から、郵政省（現総務省）と規制緩和をめぐり激しく対立。**業界では「不倶戴天の敵」とさえみられてきただけに、歴史的和解**といえる。特に、特定の相手を宛先にして送る手紙や書類などの「信書」は、郵便法で日本郵政だけに配送が認められている最大の対立ポイント。かつて中曽根康弘首相（当時）に手紙入りのチョコが届いた、というニュースが流れたときには、当時の郵政省からヤマトに「信書の送達は禁止されています」という警告書が届いたという有名な逸話もある。今回の協業で日本郵政が配達することになったヤマトの「メール便」も、形は郵送と同じでも送れるのはカタログや雑誌などに限られ、ダイレクトメールでさえ中身の紙に宛先が入っていたらNGとされてきた。運転手不足という差し迫った課題が、両者の意地の張り合いに終止符を打った形だ。なんにしろ、大きな会社同士がケンカしてるのはよくないから、仲直りは「2024年効果」だな。

協業を発表した（左から）ヤマトホールディングスの長尾裕社長、日本郵政の増田寛也社長、日本郵便の衣川和秀社長＝東京都千代田区

・医療と建設業の働き方改革

運送業と同様に長時間労働が常態化してきた**建設業と医師にも、2024年4月から残業規制が適用**された。建設業では、残業の上限を守ることで工期が長期化し、併せて人件費も上がると懸念する声が上がっている。そんな中、大阪・関西万博の準備を進める日本国際博覧会協会が、万博パビリオンの建設を開会に間に合わせるため、万博の工事を上限規制の対象外にするよう政府に要請したことが「働き方改革に逆行する」と批判を受けた。協会は要請を否定したが、西村康稔経済産業相（当時）は「協会と様々な課題を洗い出す過程で、話に上がったと承知している」と事実上、要請を認めている。

医師にも残業規制がかかることで、当直の医師が不足するなどして各地の病院が入院患者の受け入れ停止に追い込まれた。地方の病院の多くは当直医をほかの病院からの応援派遣などに頼っており、派遣される若手の医師にとっては長時間労働の原因になってきた。お医者さんの健康も大事だし、地域医療も大事。何か特例を認めるなら、万博の工事を間に合わせるより地域医療のピンチを救ってほしいよな。

・自動運転

ドライバーが足りないなら、無人でトラックを動かせばいい。**政府は高**

速道路に自動運転のトラックを走らせる取り組みを本格化させている。自動運転車両用の車線を設けて実験を重ね、三菱地所などを中心に2026年にも無人輸送サービスを始めたい考えだ。

自動運転車両が走れる車線は、静岡県内の新東名高速駿河湾沼津サービスエリア（ＳＡ）―浜松ＳＡ間の約120キロに設ける。片側3車線のうち1車線を深夜帯限定で自動運転用とする。また、三菱地所と自動運転システムの開発を手がけるＴ2（千葉県市川市）が、高速道路のインターチェンジに直結した物流施設同士を自動運転トラックで結ぶしくみを作る。関西、中京、関東に拠点を置き、この拠点で荷物を無人トラックに積み替え、高速を走らせる想定という。最近のＡＩはすげぇから、けっこう実現しちまうかもな。そのうちＡＩが「私たちにも休みを」とか言い出したりしてな。

15 日本版ライドシェア
その辺の車を捕まえてタクシー代わりにするなんて、自分勝手すぎます！

吉田：ヒューヒュー！　お熱いぜヒューヒュー！　見ちゃいましたよ。先輩が今朝会社の前で、ちょっとかっこいい車から降りてくるところ。運転席にいたのは……ヒューヒュー！

アカツキ：朝から昭和のドラマみたいなノリはやめろ。今朝うっかり寝坊して自宅からタクシーで来たんだが、吉田に見られてたとはな。

吉田：ごまかしてもダメですよ。タクシーはだいたい黒い車体に緑のナンバーじゃないですか。今朝の車は赤くて、白いナンバーでしたよ。

アカツキ：あれはライドシェアだ。**東京、横浜、名古屋などの大都市圏で**2024年4月から、平日の朝や週末の夕方などのタクシーが足りない時間帯に、**一般のドライバーの車がタクシーの代わりに乗客を有償で運ぶ制度が始まっている**んだ。

吉田：まじですか！　でも先輩、その辺を走ってる車をいきなりとっ捕まえて会社まで来させるなんて、自分勝手にもほどがありますよ。

日本版ライドシェア出発式でテープカットに臨む斉藤鉄夫国交相（左、当時）ら＝2024年4月8日、東京都江戸川区

ライドシェアの車が近くにいると、配車アプリに選択肢が表示される

アカツキ：ライドシェアはその辺の車を捕まえるわけじゃない。タクシー配車アプリから申し込むと、事前に登録したドライバーさんの車が来てくれるんだ。私が使っているアプリの場合、車を呼ぶときにライドシェアの車を含めるかどうかを選べるしくみになっている。一般のドライバーさんの車に乗るのは不安と感じる人もいるからな。国土交通省によると、たとえば東京では2024年5月5日時点で1084人のドライバーがライドシェアに登録しているそうだ。

吉田：料金はどうするんですか。普通の車にいちいち料金メーター取り付けるの大変じゃないですか。

アカツキ：料金は、乗客が配車アプリで乗る地点と降りる地点を登録した時点で決まるしくみなので、メーターはいらないんだ。もし遠回りしたり、渋滞に巻き込まれたりしても料金は変わらないし、アプリ上で決済されるのでお金の受け渡しもない。**アプリでドライバーと利用者を**

つなぐライドシェアは海外で広く使われていて、料理を配達してくれる「ウーバーイーツ」は元々、ライドシェアのアプリとして広まった「ウーバー」から派生したサービスなんだ。

吉田：なるほど、こっちからあっちまで人を運ぶか、料理を運ぶかの違いですもんね。じゃあ、ぼくがタクシーを呼んだら、お料理の配達員をやってる近所の雲黒斎（うんこくさい）さんが自転車で迎えに来ることもあるんですか。

アカツキ：うんこく……あまり料理を運ぶのに向いていない気がするのは置いといて、宅配とライドシェアは別々のサービスで、ドライバーの立場も全く違う。ウーバーイーツのドライバーは基本的に個人事業主で、事前に登録さえしておけば自分が働きたいときにアプリを立ち上げて配達を受注できる。一方、ライドシェアのドライバーはタクシー会社に雇用されていて、自家用車を用意する必要があるし、事前にタクシー会社で車の点検や研修も受けなくてはいけない。乗務を始める前には、リモートでアルコールのチェックも受ける。当たり前だが、ライドシェアで配車を依頼して、自転車が来ることは絶対にない。

吉田：そんなに厳しいから、ライドシェアのドライバーは1000人ぐらいし

かいないんですね。運転手が足りないならもっと簡単に、免許と車とスマホがあれば誰でもドライバーができるようにすればいいじゃないですか。

アカツキ：海外ではそういう風にしている国もあるし、日本でも政府の規制改革推進会議という場で民間委員が強く主張している。ただ、日本では主に二つの理由で条件を厳しくしたんだ。

タクシー会社の整備士がライドシェア希望者の自家用車を点検する様子が報道陣に公開された＝2024年4月8日

吉田：二つの理由？　あっ、わかりました。めんどくさいのと、かったるいのですね。

アカツキ：吉田と一緒にするな。**一つ目は安全性の確保**だ。日本ではもともと、無許可の人が有償で乗客を運ぶのは「白タク（白ナンバーのタクシー）」といって原則的に違法行為だった。それを合法にして一般のドライバーが乗客を運べるようにすると、安全性が犠牲になるのではという懸念があったんだ。**もう一つは、タクシー会社への配慮**だ。ライドシェアが広がったらタクシーを使う人が減ってタクシー会社の儲けが減るかもしれない。その点に国土交通省が配慮して、ライドシェアの管理や運営はタクシー会社が行い、その手数料などでタクシー会社も潤うしくみにしたんだ。海外のしくみとは大きく違うので、「日本版ライドシェア」とも呼ばれている。

吉田：タクシー会社に気を遣うなら、そんな面倒なことをせずにタクシーの

台数を増やせばいいのに。車も売れて一石二鳥ですよ。

アカツキ：ド正論だな。ただ、足りてないのは車の台数じゃなくて、運転手なんだ。2023年3月末の調査では、タクシーの運転手は2019年からの4年間で2割も減った。コロナ禍でタクシーを使う人が減り、収入が激減したことで、中高年のドライバーらが一斉に退職してしまった影響が大きいとみられている。そのため車はあっても、運転する人が確保できないタクシー会社が多いんだ。一方でコロナ禍が終わって経済活動が活発になったことや、訪日外国人観光客が急増したことなどでタクシーを使う人は増えているから、事態は深刻だ。

吉田：なんでタクシー運転手は増え

※3月末、全国タクシー・ハイヤー連合会調べ

ないんですか。ぼく、お客さんから警察手帳見せられて「前の車を追ってくれ！」と言われるの、かっこよくてあこがれますけど。

アカツキ：刑事ドラマの見過ぎだ。実は、**タクシー運転手になるのはかなり難しい**んだ。まず、**普通免許に加えて二種免許という特別な免許を取る必要がある**。二種免許の受験資格はこれまで年齢が21歳以上、免許保有歴が3年以上の人に限られてきた。2022年から運転手不足解消のため、特別な講習さえ受ければ19歳以上、免許保有1年以上で受験できるようになったが、それでも合格率は50%台しかなくて、普通免許の70%台に比べるとかなり狭き門なんだ。

吉田：50%台ってことは、だいたい2人に1人しか受からないのか。ゲームの中で車をぶつけまくる先輩には絶対無理ですね。

アカツキ：うるさい。ハードルは免許だけじゃないぞ。**東京、大阪などでは地名や道路、駅などを覚えて「地理試験」に合格する必要もある**。実際に営業に出ると、地理試験の内容以上に詳しく道を知っていないとお客さんの要望に応えられず難しい面もある。

吉田：そりゃそうですよ。道に詳しくないと、旅立とうとしている恋人のヨーコを追って空港に向かうケンジを乗せたとき間に合わなくなっちゃいますもんね。

アカツキ：ベタなドラマから離れろ。だから最近は、**配車アプリの会社とタクシー会社が協力して、アプリ配車専門のドライバーも募集**している。お客さんが乗ってきた時点で行き先を伝えられることが多い通常のタクシーとは違い、アプリで配車が決まった段階で行き先と経路が表示されるから、道路にあまり詳しくない人でも運転手になりやすいんだ。ライドシェアは同じようにアプリで出発地点と目的地、経

路が表示される上、普通免許でも大丈夫だから、より低いハードル
　　　で運転手を集められるというわけだ。
吉田：じゃあ先輩、ぼくにも取材で何を聞けばいいかや記事の書き方がちゃ
　　　んと表示されるアプリを用意して、仕事のハードルを下げてください。
アカツキ：もしそんなアプリができたら、吉田じゃなくもう少しまじめに働く誰
　　　かに仕事を頼みたいな……。

レオナルド博士の用語解説

・過疎地の足

都市部ではやっとスタートしたライドシェアだが、**地方の過疎地では一足先に導入が進んでいる**。京都府丹後市では、2016年から「ウーバー」のシステムを使った「支え合い交通」が始まっている。利用者がアプリで配車を申し込むと、市民ドライバーの車が迎えに来てくれるしくみだ。国土交通省は半径1キロ以内に駅、バス停がなく、タクシーが30分以内に配車されない地域では自家用車に客を乗せられる**「自家用有償旅客運送」という特例**を認めており、同様の取り組みは各地に広がっている。ただ、過疎地ではライドシェアの運転手役を担える人さえも先細りが予想される。国交省は2017年度から各地で自動運転の車で住民を運ぶ実証実験を続け、滋賀県東近江市などで本格的なサービスも始めている。同市では道の駅を拠点にヤマハ製の6人乗り自動運転車が住民を運んでおり、運賃は1回150円だ。タクシーやバスの運転手不足でライドシェアが導入され、さらに自動運転へ——という流れはやがて都心部でも起きるはず。自動運転という新技術でみんなが便利になるのは、発明家としてうれしいぜ。

ヤマハの自動運転車＝国交省提供

・次期首相を巡る権力争い？

様々な懸念や反対の声がありつつも、都市部で実現にこぎつけたライド

シェアだが、その背景には首相の座を巡る権力争いも透けて見える。
ライドシェア実現の旗振り役だったのはかつて首相を務めた菅義偉氏。
そして国会で超党派の議員によるライドシェアの勉強会を主導するのが
菅氏と関係が深い自民党の小泉進次郎・元環境相だ。そのため、ライド
シェア実現は菅氏が小泉元環境相を首相の座に押し上げるための動きと
いう見方がくすぶっていた。
一方、2024年自民党総裁選で小泉元環境相と争った河野太郎・元デジ
タル担当相もライドシェアを「デジタル化」の成果と強調している。首
相の座を狙う政治家たちがこぞって自分の成果だと誇るライドシェアは、
それだけ国民の注目度が高いということなんだろうな。

• ダイナミックプライシング

都心部のタクシー不足を解決する「切り札」として国土交通省が導入を
決めたのが、**週末の夜など利用者が多い時間帯のタクシー料金を引き上
げる「ダイナミックプライシング（価格変動制）」**だ。ホテルやテーマ
パーク、航空運賃などではすでに広く使われており、繁忙期は料金を高く、
閑散期は安くすることで利用客を分散させる効果がある。ライドシェア
と組み合わせ、週末の夜や雨の日といったタクシーが足りない時間帯に
は料金を高くすることで、より多くのドライバーを集められる可能性が
ある。利用者にとっては負担増でも、「待っても待ってもタクシーが来
ない」といった事態は解消される。
降りるときになって「いつも1000円ぐらいなのに2000円かかった」っ
てなことになると困っちまうが、ダイナミックプライシングが適用され
るのは、事前に配車アプリで目的地までの運賃を確定させてから乗車す

157

る場合だけだからその心配はない。これまでは国交省が地域ごとにタクシー運賃の幅を決めていて自由に変えることができなかったことを考えると、かなり大きな進歩だよな。

・規制改革推進会議

2024年4月に実現した「日本版ライドシェア」はタクシー会社しか運営主体になれず、導入できる地域や台数も限られている。これに対し、**政府の規制改革推進会議では民間委員らから「運営主体や地域を限らない形でのライドシェアを実現するべきだ」との声が上がっており、タクシー会社への配慮から慎重姿勢を崩さない国交省と対立する構図**になっている。

規制改革推進会議は安倍晋三内閣時代の2016年に設置され、経済や社会の構造改革を進めるために必要な規制緩和を話し合ってきた。ただ同様の狙いを持つ会議に「経済財政諮問会議」や「税制調査会」などがあるほか、岸田文雄政権も新たに「全世代型社会保障構築会議」や「新しい資本主義実現会議」などを立ち上げた。おいおい、大事なのは何を話し合うかだろ。会議ばっかりして税金を無駄遣いするのは、勘弁してほしいよな。

16 カスハラ

カスハラするのは中高年男性が大半って、総統にきつく言っときます！

吉田：先輩、聞きましたか。好きでもない粕汁をいきなり食べさせる嫌がらせが流行ってるらしいですよ。

アカツキ：全くの初耳だが、これまでの傾向から想像するに「カスハラ」のことを言ってるんだろうな。

吉田：それです、それ。カスジル・ハラスメント。ぼく、あのにおいも味もちょっと苦手なんですよねぇ。

アカツキ：カスハラは粕汁じゃなくて、**カスタマーハラスメントの略**だ。カスタマーは客、ハラスメントは嫌がらせ。**客が理不尽な苦情などで接客する人を追い詰める行為のこと**をいう。

吉田：あ、よかった。恐ろしさで口の中が粕汁味になってました。

アカツキ：よくないっ。実際にカスハラを受けた人は大きな心理的負担を受けているし、精神障害の原因になるケースだってあるんだからな。

吉田：すみません！　で、カスハラって最近よく聞きますけど、いつごろか

159

■ カスタマーハラスメントの事例

レジ打ちを間違えたら
「デブは仕事ができない」
と約15分にわたって
暴言を吐かれた
（小売店員）

販売した弁当に
「タレがついていない」
と客からクレームがあり、自宅まで
謝罪に行くと約5時間帰してくれなかった
（小売店員）

踏切で警報がなっているのに乗客から
「行けや、ボケ」
と急かされた（タクシー乗務員）

アカツキ： カスハラが注目されたきっかけは、流通や小売りなどの労働組合を束ねる「UAゼンセン」という組織が2017年から2018年に、組合員を対象に2回にわたって実施したアンケートだった。回答した<u>約8万人のうち7割が、「客から迷惑行為を受けた」と答える深刻な結果</u>だったんだ。UAゼンセンは<u>カスハラを、長時間拘束型、リピート型、暴言型など八つに分類</u>している。

吉田： ぼくもお店で店員さんにずーっと文句を言ってる人見たことあります。「能なし！」とか言ってたから、長時間拘束型で、暴言型ですね。店員さん、かわいそうでした。

アカツキ： 厚生労働省が2023年12月から2024年1月にかけて行った調査では、従業員

■ カスハラの8パターン

① 長時間拘束型
客が従業員に対し、長時間にわたりクレーム対応を強いる

② リピート型
電話などで繰り返し問い合わせをしてくる

③ 暴言型
怒鳴り声をあげたり、「バカ」「死ね」などの侮辱的な発言をしたりする

④ 暴力型
「殴る」「蹴る」などの体への接触だけでなく、椅子や棒を振り回す危険行為も含む

⑤ 威嚇・脅迫型
従業員に危害を加えることを予告して怖がらせる

⑥ 権威型
やたらと威張って要求を通そうとする

⑦ 店舗外拘束型
客の自宅や特定の喫茶店などに呼びつけてクレームを言う

⑧ ネット中傷型
SNSを使い、名誉を傷つけたり、プライバシーを侵害したりする

30人以上の7780社のうち28%が過去3年間で従業員からカスハラの相談を受けたと回答した。業種別でみると「医療、福祉」が54%、「宿泊業、飲食サービス業」が46%で、「不動産業、物品賃貸業」「卸売業、小売業」「金融業、保険業」なども40%を超えていた。**企業が認定したカスハラの内容は、「継続的な、執拗な言動」が72%、大声で責めるなどの「威圧的な言動」が52%、脅迫や土下座の要求など「精神的な攻撃」が45%だった。**

吉田：ひどすぎる……。カスハラをする人たちって、なんでそんなひどいことができるんですかね。

アカツキ：UAゼンセンの調査では、**カスハラをした客の4分の3が男性で、9割が推定で40代以上**だった。カスハラに詳しい関西大学の池内裕美教授（社会心理学）によると、**本人は「正しい」と思ってやっていることが多く**、正義感を振りかざす「世直し型・説教型」、過去の栄光や知識を誇示する「自慢型」、話が論理的で上から目線の「筋論型」のタイプが目立つという。

吉田：おじさんが多いんですね。うちの総統にも注意するよう言っておかないと。それにしても、おじさんは昔からいるのに、なんで最近問題に

161

なってるんですか。

アカツキ：背景にあるのは、**1995年の製造物責任法施行や、2009年の消費者庁設立などで消費者を保護する環境が整えられ、消費者側の権利意識が高まった**ことだと言われている。さらに、**2000年代に企業による原産地の偽装や賞味期限の改ざんなどが相次いだことで、企業への不信感も募った**。ＳＮＳの普及の影響も大きくて、企業側が不正や品質問題を隠そうとしたことを消費者がＳＮＳで告発し、社会問題になるといった事例も起きた。これまで泣き寝入りするしかなかったケースを含め、消費者側が企業にもの申すという風潮が強くなった面がある。

吉田：消費者の意識かぁ。「お客様は神様だ」とか言いますもんね。あれ？でもなんでお客様は神様なんですか。お客様はお客様ですよね。

アカツキ：「お客様は神様です」は、歌謡界の大スターだった故・三波春夫さんの言葉だ。ただ、これは「神前で祈るときのように、雑念を払って、澄み切った心で歌う」という心構えを語った言葉で、今の使われ方は本来の意味とは全く違うそうだ。三波さんの公式ホームページには、「（三波さんが）『お客様は神だから徹底的に大事にして媚びなさい。何をされようが我慢して尽くしなさい』などと発想、発言したことはまったくありません」と書いてある。吉田の言う通り、お客様は神様じゃなく、あくまでお客様。言葉が一人歩きしてしまったんだな。

吉田：僕らの決めぜりふ「たーかーのーつーめー」は全然一人歩きしません

■ **中高年男性でよく見られるクレーマー**

世直し型・説教型
正義感を振りかざす

自慢型
過去の栄光や知識を誇示する

筋論型
話が論理的で上から目線

迷惑行為をしているという自覚に乏しい

※関西大学の池内裕美教授に朝日新聞が取材

けどね。ところで先輩、カスハラがたくさん起きていることはわかっても、どうしたらいいのかが全然わかりません。

アカツキ：企業にとってもそれが最大の問題だ。業界によっては「カスハラだから」と客に強く出られない事情もある。たとえばタクシー業界だと、酔っ払った客から「早く出発しろ」と座席を蹴られたり、女性運転手が髪を触られたりといった被害が少なくないが、道路運送法という法律はタクシー運転手が「正当な理由なく」乗車を断ることを禁じている。この法律を振りかざす客もいて、運転手は対応に苦慮してきた。そこで乗車時のルールを定めた「運送約款」を変更し、「車内でハラスメント行為を受けたと判断した場合は乗車を拒むことができる」と明記する会社も現れた。車内に監視カメラを設置する動きも広がっている。ホテルや旅館は旅館業法という法律で宿泊拒否が禁じられていたが、業界の働きかけで2023年に法改正が実現した。

吉田：いつまでも、黙ってやられてるわけにはいきませんもんね。

アカツキ：ただ、**どこまでが正当な苦情で、どこからがカスハラなのかという線引きはとても難しい**。厚生労働省は2022年、企業がカスハラ対策に取り組むためのマニュアルを作った。カスハラは「働き手の就労環境を害する」として、会社がカスハラの判断基準や相談窓口を作ることなどを求める内容だ。ところが、どのような行為がカスハラにあたるのかという定義については「企業や業界により、顧客などへの対応方法・基準が異なることが想定されるため、明確に定義できない」としているんだ。

吉田：なんでそうなっちゃうんですか。国が定義してくれないと、企業は困っちゃうじゃないですか。

163

アカツキ：そうなんだ。会社ごとに判断基準が違うと同業他社とサービス内容に差ができ、新たな苦情の原因にもなりかねない。たとえばお菓子の業界では「異物が混入していた」という苦情があると、大手メーカーは異物が混じる現物がなくても同じ商品を無料で送るところが多かった。資金力に乏しい中小企業は同じ対応ができないため、「大企業はくれたのに」という苦情があったという。そこで業界団体の「日本菓子ＢＢ協会」は2017年、「現物がないと代わりの商品を送らない」という統一ルールを決めた。このように、業界で一体となったカスハラ対策も必要になりそうだ。

吉田：でも先輩、実際にお店でカスハラを受けている店員さんは、そんな悠長なこと言っていられませんよ。今すぐ守ってあげなきゃ気の毒です。

アカツキ：吉田の言う通りだな。国もカスハラを防ぐ法律を作ろうとはしているが、それに先駆けて東京都がカスハラ防止条例案の制定を進めている。**カスハラの定義は「就業者に対する暴行、脅迫などの違法な行為」「不当な行為で就業環境を害するもの」**とし、公的機関も含むサービスを受けるすべての人を対象の「消費者」として、消費者は「カスハラを行ってはならない」と明文化する。

吉田：条例でダメと決まってたら、カスハラされた人も「それは条例違反です」と指摘できますもんね。

アカツキ：企業の対策も広がっている。コンビニ大手のローソンとファミリーマートは、店員の名札に実名を書かず、イニシャルや仮名で表記できるルールを定めた。カスハラを行う客に実名を知られることは精神的苦痛になったり、執拗なクレームにつながったりするためだ。東京電力エナジーパートナーは、契約者らから理不尽な要求などを受

けた場合は対応を中断したり、警察に通報したりするという姿勢を明記した。同様の方針はＪＲ東日本なども打ち出している。ＡＮＡホールディングスは、相手の承諾を得た上で録音・録画といった記録に残すなどの指針を作った。ソフトバンクはコールセンターにかかってくる電話の音声をＡＩで処理して、オペレーターが怒りの感情を感じにくい声に加工する技術を開発した。

■ 企業が進めるカスハラ対策

ローソン	名札を役職と任意のアルファベットかイニシャルで表記できる
ファミリーマート	名札を実名ではなく仮の名前で表記できる
ＪＲ東日本	カスハラには顧客対応を「しない」。悪質な場合は警察・弁護士に相談
ANAホールディングス	カスハラをやめない場合、相手の承諾を得た上で録音・録画する
日本交通	ドライブレコーダーの車内映像を営業所に送り、必要に応じて110番

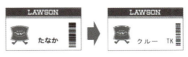

店員の名札が実名からイニシャルや仮名に

吉田：実際のところ、どれぐらい効果があるんですかね。

アカツキ：「ＵＡゼンセン」が2024年１〜３月にサービス業の組合員を対象に行った調査では、回答した約３万3000人のうち直近２年以内にカスハラ被害にあったという従業員は46.8%で、2020年調査の56.7%から約10ポイント下がった。企業の対応に加え、世の中でカスハラの問題が広く認識されてきたことも、被害の減少につながっているようだ。

吉田：ちょっと安心しました！　先輩も部下へのハラスメントには十分気をつけてくださいよ。

アカツキ：個性的すぎる部下からの「ブカハラ」はどこに相談すればいいんだろうな……。

・UAゼンセン

正式名称は「全国繊維化学食品流通サービス一般労働組合同盟」。2012年、製造や流通の労働組合だった「UIゼンセン同盟」（当時116万人）と、百貨店やスーパーの労組が加盟する「サービス・流通連合」（当時25万人）が統合してできた。「U」は労働組合を表す「ユニオン」、「A」は同盟の「アライアンス」と多様な業種や働き方を示す「オールラウンド」を意味する。繊維や薬品などの製造業、イオンやイトーヨーカドー、ヤマダ電機といった小売業、飲食・食品などの企業が参加している。正社員中心の労組が多い中で非正規が5割を超え、女性が過半数を占めるのも特徴だ。この人たちの調査がなければ、カスハラがこれだけ世の中に知られることはなかったかもしれない。悪いが、俺の頭の中では歌手のUAさんとごっちゃになっていたぞ。

・お客様は神様です

1964年東京五輪のテーマソング「東京五輪音頭」や、1970年大阪万博

のテーマソング「世界の国からこんにちは」を歌った国民的歌手、三波春夫さんの言葉として知られているが、実は世の中に広まったのは漫才トリオ「レツゴー三匹」の影響が大きい。レツゴーじゅんさんとレツゴー長作さんの「じゅんでーす」「長作でーす」に続き、中央のレツゴー正児さんが「三波春夫でございます」と名乗り両側から平手打ちされる流れが人気となり、正児さんが繰り出す「お客様は神様です」というものまねが三波さんの言葉として定着していった。

歌手の三波春夫さん（左から2人目）を囲むトリオのレツゴー三匹＝1978年、大阪市

アカツキも言ってるように、生前の三波さんはこの言葉について「神前で祈るときのように、雑念を払って、澄み切った心にならなければ完璧な芸を見せられない」と説明していたという。だが、世間では店の客や営業先のクライアントを指して使われるように。車から「お客様は神様です」と書いた貼り紙をたくさんしている薬局が見えたとき、三波さんは長女の美夕紀さんに「サービスのことなんだねえ」と話したという。これだけ誰もが知ってる言葉を生み出した三波さんはやっぱりすごい人だが、カスハラの正当化に使われるとは夢にも思わなかっただろうなぁ。

• ハラスメント

社会問題となったセクハラやパワハラ、カスハラに続いて、様々なハラ

スメントが話題になってきた。**産休や育休を取る人への「マタハラ（マタニティーハラスメント）」、大学内で起きる「アカハラ（アカデミックハラスメント）」、香水などのにおいで周囲を困らせる「スメハラ（スメルハラスメント）」、配偶者に向けられる「モラハラ（モラルハラスメント）」、議員や候補者が有権者から受ける「票ハラ（投票ハラスメント）」**など数え切れないほどのハラスメントが人々を苦しめている。最近話題になったのが、ＬＩＮＥなどで文末が句点（。）で終わるメッセージを受け取ると威圧されたように感じるという「マルハラ（マルハラスメント）」。ちょっと待てよ、日本語の教科書に文章の最後は「。」って書いてあったぞ。正しいはずの日本語を使って嫌がらせ扱いされるのは、納得いかねぇな。

世界と環境の経済

第3章

17 ・ SDGsって何？
18 ・ GDP世界4位に転落
19 ・ 急成長するインド
20 ・ 中国の不動産バブル
21 ・ 地球沸騰の時代

17 SDGsって何?
SDGsって、「地球に優しく」だけじゃなかったんですね!

アカツキ：これは燃やすごみ、こっちはペットボトル、これはプラスチックごみ……と。

吉田：おっ、先輩ちゃんとＳＤＧｓしてますね。えらいえらい。

アカツキ：上から目線はちょっとむかつくが、吉田がＳＤＧｓを語るとは意外だな。ＳＤＧｓが何か、ちゃんとわかってるんだろうな。

吉田：ＳＤＧｓとは、<u>国連が掲げる「持続可能な開発目標」の略称ですよ。「持続可能な開発」とは、「将来の世代のニーズを満たす能力を損なうことなく、今日の世代のニーズを満たすような開発」</u>のことです。あらゆる貧困に終止符を打つことが地球規模の課題であり、持続可能な開発のための必要条件であるとして、達成すべき17の目標、ゴールを掲げて……。

アカツキ：待て待て、やけにすらすら出てくると思ったら、パソコンの画面読んでるだけじゃないか。

吉田：ばれましたか。でも先輩、ＳＤＧｓってけっこうよく聞きますけど、実際のところなんなんですか。読み上げてみたけど全く頭に入ってきません。

アカツキ：ちょっと見直して損したぞ。**ＳＤＧｓは、2015年にニューヨークの国連本部で開かれた「国連持続可能な開発サミット」で決まった、2030年に世界が目指す目標**だ。すべての加盟国による全会一致で採択された。「貧困をなくそう」「飢餓をゼロに」など、17の目標がある。17のアイコンや、17色の丸いロゴマークは吉田も見たことがあるだろう？

吉田：あ、これですね。あちこちで見ますけど、てっきり新しい信号機かと思ってました。

アカツキ：**ＳＤＧｓは「Sustainable Development Goals」**、日本語で言うと**「持続可能な開発目標」**の略だ。海洋汚染や温暖化など、地球の環境は危機的な状態にある一方、環境を守るばかりで開発が進まなければ、貧しい人たちはいつまでも貧しいままになってしまう。

そこで、地球温暖化や貧富の差など、一刻も早く解決すべき課題を同時に解決し、2030年までに経済・環境・社会のバランスがとれた世界に変えていくために17の分野で目標をかかげているんだ。

吉田：なんとなく全部「地球に優しく」的な内容だろうと思ってたんですけど、よく見ると「目標8：働きがいも経済成長も」とか、「目標9：産業と技術革新の基盤をつくろう」とか、経済を成長させる方向の目標も入ってるんですね。でも先輩、たくさんあってとても覚えきれません。

アカツキ：別に覚えなくてもいいんだが、17のゴールは **「People」「Prosperity」「Planet」「Peace」「Partnership」という「五つのP」にわけて考えるとわかりやすい**ぞ。日本語に訳すと **「人間」「豊かさ」「地球」「平和」「パートナーシップ」** だ。「人間」に入るのが1〜6。「豊かさ」に入るのが7〜11。「地球」は12〜15。「平和」が16、パートナーシップは17だ。

吉田：さっき気になった8や9は「豊かさ」に入るんですね。なるほど、「地球」を大切にすることも、「人間」一人一人が幸せで健康なことも、社会が「豊か」になることも、「平和」も、全部大切ってことですね。

アカツキ：すごいじゃないか吉田。今度は本気で見直したぞ。

吉田：ふっふっふ、先輩の英語の発音も見直しましたよ。ＳＤＧｓ、こんなにわかりやすくて、こんなにたくさんみかけるということは、もう目標達成は間近でしょうね。

アカツキ：残念ながら、順調とは言えない状況だ。2023年に国連が発表した報告書は、**2022年時点の世界全体のSDGs達成度は67%弱にとどまっており、「17の目標を個別にみても、世界レベルで達成できると予**

173

測されるものは一つもない」と指摘している。

吉田：一つも！　まずいじゃないですか。でも先輩、少なくとも日本では順調に進んでいますよね。だってトイレはたくさんありますし、飢餓もありませんよ。

アカツキ：国ごとの達成状況は「持続可能な開発ソリューション・ネットワーク」という国際組織が毎年ランキングを発表している。2024年の日本は167カ国中、前年より3ランクアップして18位だった。1位はフィンランドで、日本より上位の国はすべてヨーロッパだ。米国が46位、韓国が33位、中

※持続可能な開発ソリューション・ネットワーク調べ

国が68位などとなっている。

吉田：18位……喜んでいいのか悲しんでいいのか微妙な順位ですね。

アカツキ：**日本は2017年に11位だったが徐々に順位を下げ、2023年に初めて20位台に転落した**。そこから3ランクアップしたとはいえ、あまり喜べる順位じゃないだろうな。「達成済み」と評価されたのは「目標9：産業と技術革新の基盤をつくろう」だけ。「目標5：ジェンダー平等を実現しよう」「目標12：つくる責任、つかう責任」「目標13：気候変動に具体的な対策を」「目標14：海の豊かさを守ろう」「目標15：陸の豊かさも守ろう」の五つは、「深刻な課題がある」と指摘されたんだ。

吉田：がーん！　深刻な課題って、何がダメなんですかね。日本、けっこう頑張ってると思うんですけど。

アカツキ：**「目標5：ジェンダー平等を実現しよう」は、国会議員の女性比率の低さと男女の賃金格差が問題**とされた。**「目標12：つくる責任、つかう責任」は、電子機器の廃棄量やプラスチックごみの輸出量の多さが問題視**されている。**「目標13：気候変動に具体的な対策を」は、原発が停止していることもあり、化石燃料の燃焼にともなう二酸化炭素排出量が多かった。「目標14：海の豊かさを守ろう」と「目標15：陸の豊かさも守ろう」はほぼすべての項目に課題**があるとされている。

吉田：国会議員のことは次の選挙で考えるとして、ほかの目標を達成するためには何をやればいいんですか。

アカツキ：私たち自身が、日常生活の中でＳＤＧｓを意識した行動をすることも重要だ。たとえばマイボトルを持ち歩いてペットボトルやプラスチッ

175

クストローを使わないようにしたり、スーパーで包装のプラスチックが少ない商品を買ったりすれば一気に「目標12、14、15」に貢献できる。通勤に徒歩や自転車を採り入れたり、こまめに電気を消したりしたら「目標13」に貢献できる。毎日の暮らしをちょっとずつ変えて、17の目標すべてに少しずつ貢献できるように心がけたいよな。

吉田：あっ、ぼく、もうすぐ飢餓になりそうなので、社員食堂に行って「目標２：飢餓をゼロに」に貢献してきます！

■ 17のゴールにちょっと貢献する33の習慣

※［ ］内の数字は、その習慣で貢献できるゴールの番号

【朝】

（１）バランスのよい食事を規則正しく［２］［３］

（２）スクラブ入りの洗顔料は使わない［６］［12］［14］

（３）サンゴに優しい日焼け止めを使う［６］［12］［14］

（４）自分の足に合った靴を履く［３］［５］［10］

（５）通勤に徒歩や自転車を採り入れる［３］［13］

（６）電車やバスで必要な人に席を譲る［11］［16］

（７）エレベーター・エスカレーターより階段を使う［３］［７］［13］

【仕事中・ランチ】

（８）職場のハラスメントや通勤中の痴漢に気付いたら声を上げる［５］［10］［16］

（９）資料の印刷を減らし、会議をオンライン化する［９］［12］［15］

（１０）マイボトルを持ち歩き、ペットボトルやプラカップ、ストローの使用を減らす［６］［12］［13］［14］［15］

（１１）室温を冬は２０度、夏は２８度に［７］［13］

（１２）お弁当持参でプラごみを減らす［６］［12］［13］［14］［15］

（１３）お弁当がない日はテーブル・フォー・ツーのメニューを選ぶ［２］［３］

（１４）ＩＣＴ関連のスキルを積極的に身につける［４］［９］

【仕事終わり】

（１５）アフター５や朝活の習い事で自分磨き［４］

（１６）マイバッグを持ち歩く［６］［12］［14］［15］

（１７）フェアトレード商品を購入する［１］［８］

（１８）魚はＭＳＣ認証の商品を買う［14］

（１９）モノを買うとき本当に必要か、長く使えるものかを考える［12］

（２０）地元のお店で買い物や食事をする［９］［11］［12］

（２１）街で困っている人を見かけたら声をかけ手助けする［11］

【帰宅後】

（２２）家事や育児は家族で平等に分担する［５］［10］

（２３）洗濯ばさみやハンガー等はステンレス製に［６］［12］［14］

（２４）できるだけ残業を減らし家族と食事を取る［８］［10］

（２５）伝統野菜など地場産の食材を食べる［２］［３］［９］［15］

（２６）天ぷら油を下水に流さない［６］［14］

（２７）こまめに電気を消す［７］［13］

（２８）風呂の追いだきは極力減らす［７］［13］

（２９）宅配は１回で受けとる。無理なら「置き配」を活用する［８］［９］［13］

（３０）災害用持ち出し袋はすぐ取り出せる場所に置いて寝る［11］

（３１）反ヘイトのツイートや書き込みに「いいね」をする。ニュースソースはもちろん確認［11］［16］

（３２）ジョン・レノンの「イマジン」を口ずさむ［17］

（３３）不要な夜ふかしは控えしっかり睡眠［３］

※ＳＤＧs市民社会ネットワーク協力のもとＡＥＲＡが作成

・ＥＳＧ投資

環境（Environment）、社会（Social）、企業統治（Governance）の頭文字を順番に並べたのがＥＳＧ。3点を重視して投資先を決めるやり方をＥＳＧ投資と呼ぶ。投資による利益だけでなく、環境保護や社会問題の解決にもつながるのが特徴。以前からある考え方だが、ＳＤＧｓと理念が共通することから近年特に注目されている。

これら三つの課題に取り組む企業は、社会問題の解決に貢献するだけでなく、自社の成長にもつながるという考え方が基本。たとえば「環境」なら、温室効果ガス削減に積極的な企業に投資して、二酸化炭素を多く出す石炭火力発電所への投資をやめる。「社会」だと女性の活躍に取り組む会社の株に投資する、といった例がＥＳＧ投資にあたる。「企業統治」を重視する立場から、投資会社などが企業に対し、外部の意見を経営に採り入れるよう求めることもある。いわゆる「意識高い系」ってやつで普段なら鼻につくこともあるが、ＳＤＧｓの話をしたあとだとめちゃくちゃ正しいとしか思えないな。

■ ESG投資とは？

環境 (Environment)
- 気候変動
- 廃棄物
- 森林減少

社会 (Social)
- 労働条件
- 人権
- 児童労働

企業統治 (Governance)
- 役員報酬
- 取締役の多様性
- 少数株主保護

→ 企業にＥＳＧに関する取り組みを促すことでリスクを抑え、長期的により良い投資成績を狙う

・フェアトレードと人権デューデリジェンス

フェアトレードは途上国の原料や製品を「適正な価格で」「継続的に」購入することで、立場の弱い途上国の生産者や労働者の生活改善と自立を目指す「貿易のしくみ」をいい、ＳＤＧｓに貢献する取り組みとしても注目されている。先進国の消費者がある商品を安く手に入れたとき、実は生産国では生産者に正当な対価が支払われなかったり、安く作るために環境が破壊されたり、農薬などで生産する人の健康に害を及ぼしたりといったことが起きている可能性がある。フェアトレードは、**消費者が無意識に環境破壊や人権侵害に手を貸さないようにするしくみであると同時に、企業がこれらの問題に配慮していることを証明するしくみ**でもある。

人権デューデリジェンス（ＤＤ）はその中でも人権侵害に焦点を当てた考え方で、原料から製品までのサプライチェーンの中で人権侵害が起きていないかを企業が点検し、改善することをいう。欧米では法律で義務づけている国が多く、日本は立ち遅れている。中国の新疆（しんきょう）ウイグル自治区の綿に人権侵害の問題が取りざたされた際、日本国内の衣料品大手がアメリカで商品の輸入を差し止められたのはその一例だ。デフレが続いた日本じゃ「安いことが正義」だったが、それじゃ「持続可能」とはいえないんだな。

デフレが続いた日本じゃ「安いことが正義」だったが、それじゃ「持続可能」とはいえないんだな。

18 GDP世界4位に転落

GDP4位って
日本経済はどうなっちゃったんですか！

吉田：先輩、日本のＧＤＰが4位になったんですよっ。3位でも5位でもなく4位ですからね！

アカツキ：ほう、よく知っているな。ところで吉田、ＧＤＰって何の略かわかってるのか。

吉田：えーっと、爺（じい）・泥（でい）……ピーの漢字が思いつきません。

アカツキ：ＧＤＰを漢字で書こうとするやつを初めて見たな。**ＧＤＰは「Gross Domestic Product」の略**で、日本語で言うと**「国内総生産」**だ。

吉田：コクナイソウセイさん？　誰ですかそれ。

アカツキ：ＧＤＰ、**国内総生産は国の経済活動の大きさを金額で表した指標**で、その国の経済成長を測ったり、各国の経済規模を比較したりするのに使う。国内で新たに生み出された商品やサービスの「付加価値」を積み上げて計算するんだ。

吉田：付加価値ってなんですか。

アカツキ：わかりやすく言えば**「儲け」**のことだ。吉田が机の中に隠しているたい焼きで考えてみようか。たい焼き屋さんが材料の小麦粉や小豆、砂糖を150円で仕入れて、たい焼きを１個200円で売ったら、儲けは50円だ。ここまではわかるな？

吉田：どうしてたい焼きのことを……。

アカツキ：いいから進めるぞ。たい焼き屋さんが近所のスーパーで原材料を買っているとして、そのスーパーが小麦粉や小豆、砂糖を100円で仕入れたとしたら、スーパーはいくら儲かった？

吉田：えーっと、100円で仕入れて150円で売ったわけだから、儲けは50円ですね。

アカツキ：そうだ。同じようにスーパーに小麦粉や砂糖を売った食品メーカー、食品メーカーに小麦粉を売った商社……と各段階をさかのぼって、それぞれの儲けを足し合わせたものが、付加価値の合計だ。

吉田：待ってくださいよ。

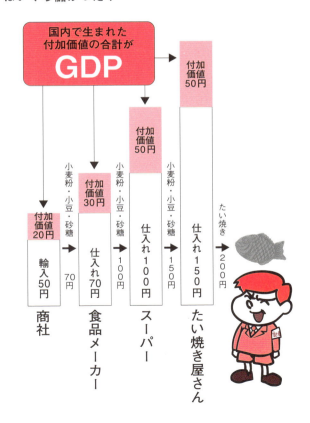

181

そんな面倒なことしなくても、たい焼きは200円なんだから、みんなの儲けを合計したら200円に決まってるじゃないですか。

アカツキ：おっ、ちゃんと理解してるじゃないか。ところが、**小麦粉や砂糖は大半が海外産だろう？　たとえば、小麦粉と砂糖を50円で輸入したとしたら、売値の200円からそれを差し引いた150円が「国内で新たに生み出された付加価値」**になる。これを、吉田のたい焼きだけじゃなく、国全体で積み上げたものがGDPだ。

吉田：なるほど、たい焼きがじゃんじゃん売れれば、GDPが上がるってことですね。

アカツキ：まぁそうだな。景気がよくなり、モノがたくさん売れるとGDPは上がるし、たとえばたい焼き屋さんがもっとたくさん焼ける大きな鉄板を買ってきたら、それも設備投資という形でGDPを押し上げる。

吉田：そのＧＤＰで、日本は４位なんですね。で、今までは何位だったんですか。

アカツキ：おい、それを知らずに騒いでたのか。日本は戦後急激に経済成長した結果、**1968年に当時の西ドイツを抜いてアメリカに次ぐ世界２位の経済大国**になった。**2010年に中国に抜かれて３位になり、2023年にドイツに抜かれて４位に転落**したんだ。

吉田：あちゃー。日本の景気、相当悪いんですねぇ。

アカツキ：いや、そういうわけじゃない。**日本の2023年のＧＤＰは前年より5.7％多い591兆4000億円で、過去最高**だった。コロナ禍からの回復で消費が伸びたり、円安で輸出が伸びたりした結果で、総じて日本の景気はよかったと言える。

吉田：じゃあなんでドイツに抜かれるんですか。ドイツが絶好調ってことですか。

アカツキ：**ドイツに抜かれたのは円安の影響が大きい**。日本のＧＤＰは円ベースではプラスだったものの、2023年の平均為替レートは１ドル＝140.5円で前年より９円ほど円安になったため、米ドルに換算すると1.1％減になってしまったんだ。ドイツのＧＤＰ成長率は6.3％で日本を上回っていたんだが、経済が好調というだけではなく、物価高に苦しんでいるという面もあるようだ。

■ ＧＤＰランキング推移

	①	②	③	④	⑤
1968年	アメリカ	日本	西ドイツ	フランス	イギリス
2010年	アメリカ	中国	日本	ドイツ	フランス
2023年	アメリカ	中国	ドイツ	日本	インド

吉田：なんだ、じゃあ円安さえ落ち着いたら、また３位に復帰できそうです

183

ね。

アカツキ：そんなに簡単な問題じゃない。日本経済は長期的にみると低迷が続いているんだ。ドイツは日本の人口の３分の２しかないが、国際通貨基金（ＩＭＦ）のデータをみると、**2000～2022年のＧＤＰ年間成長率は、ドイツが平均1.2%なのに対し、日本は0.7%**だ。順位逆転は円安の影響であると同時に、長年にわたって成長率の差が積み重なってきた結果でもある。

吉田：そんなに伸びてないんじゃ、いずれは４位の座だって危ないんじゃないですか。

アカツキ：実はその通りなんだ。日本のＧＤＰは2025年にはインドに抜かれて５位に転落すると予想されている。別の予想では、**2050年にはインドネシアやブラジルにも抜かれて８位になる**とみられている。

吉田：なんで日本はＧＤＰが伸びないんですか。みんな頑張って働いているじゃないですか。

アカツキ：色々な要因があるが、多くの専門家が挙げる理由は**少子化を食い止められなかったこと**だ。バブル経済の絶頂で好景気に沸いていた1989年にはすでに人口減少が深刻な問題になると指摘されていたのに、政府は有効な対策が取れなかった。

吉田：人口が減るとなんでダメなんですか。

アカツキ：**人口が減っていくということは、その国で売れるモノが減っていくということ**だ。将来性が見込めないから、多くの企業は人口が増えて成長が見込める海外の市場に活路を求め、日本から工場や開発拠点を移した。海外でモノを作れば、円高や円安の影響を受けないというメリットもある。その結果、自動車など一部の産業をのぞいて、

日本のものづくりは急激に空洞化が進んでしまった。バブル崩壊後のこの流れが、**「失われた30年」**と呼ばれているんだ。

吉田：確かに、昔は「メイドインジャパン」はいい品物って思っていたのに、今じゃスマホも扇風機もロボット掃除機も、人気があるのは海外製品ばかりですもんね。

アカツキ：その通りだ。特にスマホやパソコン、その基本ソフトといったデジタル関連産業はこの30年で急拡大したにもかかわらず、日本が世界から最も遅れてしまった分野だ。日本の家電メーカーの多くはこれらのデジタル関連産業で競争力を失い、スマホ、パソコンといった事業からの撤退や事業売却に追い込まれてしまった。その結果、日本の労働者がデジタルの分野全般で稼ぐチャンスを失ったことも、日本の賃金が上がらなくなってしまった原因になった。

吉田：日本って、世界の中では給料安い国なんですね。高い方だとばかり思っていました。

アカツキ：内閣府によると、日本の名目賃金は2000～2022年の平均で年0.2％しか上がっていない。この間、米国は3.3％、英国は2.9％、ドイツは2.2％上昇している。この差が積み上がった結果、ＩＭＦによると、**2023年の日本の１人あたりのＧＤＰは約３万4000ドルで世界34位。Ｇ７の中では最下位**だ。

吉田：最下位！　くっそー、こうなったらぼくがたい焼きを食べまくってＧＤＰを上げるしかないですね。先輩、軍資金としてまず2000円ください。

アカツキ：ふざけるな。

185

・失われた30年

<u>1990〜91年のバブル崩壊から2020年代初頭までのこと</u>を言う。大きく①バブル後　②いざなみ景気　③リーマン・ショックと大震災　④アベノミクス、という四つの時期にわけるとわかりやすい。

最初の10年間はバブル崩壊による株価や地価の大暴落で始まり、阪神・淡路大震災（1995年）、1ドル＝79円台という急激な円高（1995年）による製造業の海外流出、北海道拓殖銀行、山一証券、日本長期信用銀行といった金融機関の連続破綻（1997〜1998年）など、日本経済が悶え苦しんだ時期だ。

2002年からは<u>「いざなみ景気」</u>とも呼ばれる数少ない好景気期間に入っ

■「失われた30年」の主な出来事

1991	バブル崩壊、ソ連崩壊
1992	日経平均株価が1万5000円割れ
1995	阪神・淡路大震災、地下鉄サリン事件、1ドル＝79円台に
1997	北海道拓殖銀行、山一証券などが経営破綻
1998	日本長期信用銀行、日本債券信用銀行が経営破綻
2002	いざなみ景気
2008	リーマン・ショック
2009	日経平均株価がバブル後最安値の7054円
2010	GDP世界3位転落
2011	東日本大震災
2012	第2次安倍晋三内閣発足、アベノミクス開始
2016	日銀がマイナス金利導入
2020	新型コロナウイルスが流行、緊急事態宣言
2021	東京オリンピック
2022	ロシアがウクライナ侵攻、円安進行
2023	GDP世界4位転落

たが、成長率は低く、多くの人にとって好景気の実感が得られないまま。2008年には米国発のリーマン・ショック、2011年には東日本大震災が日本経済を再びどん底にたたき落とした。

2012年に発足した安倍晋三内閣は異次元の金融緩和や公共事業を柱とした「アベノミクス」で景気浮揚を図った。10年以上を経て、2024年に株価が史上最高値を更新するなど一定の成果は出たものの、今度は行きすぎた低金利で米国との金利差が広がり、空前の円安を招いてしまった。これが、ＧＤＰ世界４位転落の大きな原因だ。

アベノミクスは効果もあったが、日本の競争力が回復したとまでは言えねぇな。

・名目ＧＤＰと実質ＧＤＰ

ＧＤＰには、実は「名目ＧＤＰ」と「実質ＧＤＰ」がある。今回吉田が「世界４位になった」と言っているのは名目ＧＤＰだ。国際比較に使われるのはこちらが中心なので、この項ではわかりやすいよう名目ＧＤＰを「ＧＤＰ」と表記した。

名目ＧＤＰは、実際に取引されている価格に基づいて推計されるので、物価変動の影響を受ける。モノが売れず生産が増えていなくても、物価が上がれば上昇してしまうので、経済の状態を正確に表していない可能性がある。一方、実質ＧＤＰは、ある年（基準年）の価格水準を基準として、物価変動による影響を取り除いて計算する。実際、2023年のドイツは名目ＧＤＰは増えていたものの、実質ＧＤＰは減っていたんだ。

まぁ、俺たち「秘密結社鷹の爪」の収支は、実質だろうが名目だろうが常にマイナスだけどな……。

• 実は逆転していない？

日本人の多くがショックを受けた「ＧＤＰ４位転落」だが、実は国際通貨基金（ＩＭＦ）が「逆転」を否定している。ＩＭＦのジュリー・コザック報道官が2024年１月、「（対ドル）為替レートの変化によるところが大きい」との見方を示し、別の尺度を使って比較すれば<u>「日本経済の規模は依然としてドイツより大きい」</u>と強調した。

ＩＭＦによると比較はドルベースで行われており、各通貨の対ドル為替レートによって大きく変動する。2023年の円相場は歴史的な円安ドル高水準だったことが大きく影響していて、各国の経済規模を実質比較する指標（購買力平価ベース）でみれば、逆転は起きていないという。コザック氏は「ドルベースの名目ＧＤＰをみるだけでは、（各国の）経済規模や経済のパフォーマンスの全体像は把握できない」と話したそうだ。

つまり日本人も落ち込んだり、自信を無くしたりする必要は無いってことだな。あのアイドルグループも歌ってただろ。ナンバーワンになんてならなくたって、みんな元々特別なオンリーワンだって。

• 世界幸福度ランキング

<u>国際的な研究組織「持続可能な開発ソリューション・ネットワーク」</u>が

2012年以降毎年（2014年をのぞく）発表していて、幸せはお金（ＧＤＰ）だけじゃない、といった文脈でよく使われる調査だ。

2023年版では、**日本の順位は137カ国中47位**。前年の146カ国中54位から上昇した。**1位は6年連続フィンランドで、北欧5カ国が7位までに入った**。

各国の約1000人に「最近の自分の生活にどれくらい満足しているか」を尋ねる米ギャラップ社の世論調査がベースだ。「0＝完全に不満」から「10＝完全に満足」まで11段階の回答をポイント化して幸福度を算出し、過去3年間の平均でランク付けしている。

ただ、幸福のとらえ方は主観的で、社会や文化によって多様なため、数値化や順位付けには一定の限界もある。日本では中間的な（中央値の「5」に近い）回答が好まれがちで、幸福度が高くなりにくいといった指摘もある。

ちなみに、先進国が上位を占めることが多いこの調査で上位に入り、「世界一幸せな国」と注目されたのが南アジアの小国・ブータンだ。2013年に北欧諸国に次いで8位に入ったが、2019年には95位になり、その後はランキングに登場していない。

世界中から「あなたたち幸福なんでしょ」と言われるのも、なかなかつらかったのかもしれねぇな。

19 急成長するインド
人口14億人って、カレーのニンジンをインドジンと勘違いしてませんか！

吉田：先輩、仕事なんかしてる場合じゃないですよ！　今すぐカレーを食べに行きましょう。さぁ、早く。

アカツキ：どうした吉田。確かおとといもカレー食べてなかったか？

吉田：今ネットを見てたら、あのインドが無くなるらしいんですよ。インドが無くなったら、カレーもナンも食べられなくなっちゃいますから、今すぐ食べに行かなきゃ。

アカツキ：待て待て。インドが無くなるわけじゃない。国の名前を「バーラト」に変えるかもしれない、という臆測が流れただけだ。2023年9月にインドで開かれたＧ20サミットという国際会議で、議長を務めたインドのモディ首相が突然、自国の名前をバーラトと名乗って世界中をびっくりさせたんだ。

吉田：バーラト？　なんですかそれ。

アカツキ：ヒンディー語でインドを意味する言葉だ。実は、インドの憲法には元々

国名として「インディア」も「バーラト」も書いてあるんだが、国際的な場で首脳が名乗るのはほとんど例がなかった。真意はわからんが、本気で国名を変えようというよりは、翌年に総選挙を控えていたモディ首相が「私は自国の伝統を大切にしていますよ」と国民にアピールする狙いがあったとみられている。

G20サミットで演説するモディ首相。国名のプレートは「バーラト」と記載されていた＝公開された映像から

安倍晋三元首相が日本のことを「瑞穂の国」と呼んだのと似ているな。

吉田：モディ首相、国際会議を選挙のＰＲに使ったりして怒られなかったんですかね。

アカツキ：今のインドは、**中国を抜いて人口世界一の大国**だからな。**国内総生産（ＧＤＰ）は世界5位、軍事費は米中ロに次ぐ世界で4位**だ。欧米ともロシアとも関係が深くて、このときのG20ではロシアのウクライナ侵攻を巡って各国の立場が対立する中、見事に共同宣言をまとめ上げた。急に国名を変えたぐらいで異論を言える国はなさそうだ。

吉田：ちょっと待ってください！　人口が世界一の国って、中国じゃないんですか？　ラーメンよりカレーの方が人気ってことなんですか。

アカツキ：カレーは今関係ないだろ。2023年4月に、国連がインドの人口が約14億2577万人に達し、中国を抜いて世界一の人口になるとの推計を発表したんだ。この瞬間から、人口世界一が入れ替わった。中国の人口が2022年から減少に転じた一方、**インドの人口は2060年代前**

　半まで増え続けていくとみられているから、しばらくはインドが人口世界一という時代が続きそうだ。

吉田：人口が増えると、カレーがたくさん売れてカレー屋さんがうれしい以外に何かいいことはあるんですか。

アカツキ：だから、カレーは関係ない。人口が増えればその分、食料品や日用品、家電や車などあらゆる商品やサービスが売れ、経済成長が見込まれる。若い人が増えるから労働力も豊富になる。今のインドはものを売る市場としても、ものを作る生産拠点としても魅力的で、世界中の企業がインドに投資したり、進出したりしている。**2025年には日本を抜いて、ＧＤＰ世界4位に浮上するという予測**も出ているんだ。

吉田：日本より上に！　そりゃもう、時代は寿司よりも天ぷらよりもカレーですね。

アカツキ：経済力が高まると、国際社会での発言力も強くなる。東南アジアや南米、南アフリカなど急激に経済成長する南半球の国々は**「グローバルサウス」**と呼ばれ、世界経済に大きな影響を与える存在になっ

ている。人口で世界一に立ち、経済にも勢いがあるインドはまさにその代表格とも言え、アメリカや中国、ロシアなどの大国も一目置かざるを得ない存在になっているんだ。

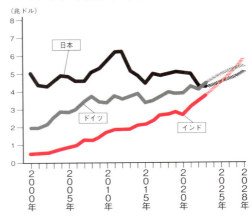

名目GDPはドイツに抜かれ、インドにも抜かれそう

※IMF調べ、2023年以降は予測

吉田：でも、インドの人口はなんでそんなに増えてるんですか。あっ、カレーのニンジンをインドジンと勘違いしてるんじゃ。

アカツキ：さっきからカレーカレーっていい加減にしろ！　インドには元々カレーという料理はないんだぞ……という話は置いておいて、インドは1947年にイギリスから独立したが、当時は国全体が貧しく医療体制も十分じゃなかったから、赤ちゃんが小さいうちに亡くなってしまうことも珍しくなかった。農作業などを家族で分担する習慣があったことなどから多めに子どもを作る傾向が強く、子どもが5人以上という家庭が多かったんだ。政府は1970年代に人口の急増を抑えようと、強制的に不妊手術を受けさせる政策を導入したんだが、これが国民の反発を招いた。その結果、中国の「一人っ子政策」のように強力な人口抑制策を取りづらくなったといわれている。

吉田：でも人口が増えてそんなにいいことがあるなら、なんで中国もインドも人口を抑えようとしたんですか。

193

アカツキ：いい質問だ。**中国やインドが人口を抑えようとしたのは、人口の増加に、それを支えるための社会の発展が間に合わないと考えたから**だ。たとえば人口が増えているのに食料が足りなければ飢餓が起きる。雇用が足りないと若い人の失業率が上がるし、上下水道や住宅、道路などのインフラが足りないと衛生的な生活ができず、病気や犯罪が広がってしまう。**実際、インドでは1日2.15ドル未満で生活する人の割合を示す「貧困率」が、2019年時点で10%に達していた**。日本の人口を上回る1億4000万人が貧困に苦しんでいた計算だ。

吉田：そんなに！　急に人口が増えすぎるのもよくないんですねぇ。でも先輩、インドの人って楽しく歌って踊ってるイメージが強くて、あまり貧困って感じしないんですけど。

アカツキ：それは映画の中の話だ。確かに、インドの映画は歌やダンスのシーンが楽しくて私も大好きだ。映画制作が盛んなインドの街ムンバイは、昔の呼び方であるボンベイの頭文字を取って「ボリウッド」とも呼ばれている。実はインドの映画産業は本家「ハリウッド」を抱えるアメリカを遥かに上回っていて、国連教育科学文化機関（ユネスコ）が2016年に調べたところ、インドの映画制作本数は1986本で中国の853本やアメリカの656本を軽く上回って世界最多だったそうだ。

吉田：あの映画なんでしたっけ。うちの総統によく似たひげのおじさんがきれいなお姉さんたちと踊りまくる……「総統　踊るナターシャ」？

アカツキ：たぶん、日本でも大ヒットした「ムトゥ　踊るマハラジャ」だな。もちろん私も見たぞ。最近でも、2023年にインド映画初のアカデミー賞歌曲賞を受賞した「RRR」がキレキレのダンスで話題になり、200億円以上の興行収入を記録した。日本でも「ムトゥ」の記録を

塗り替え、史上最もヒットしたインド映画になったんだ。

吉田：ボリウッドがハリウッドで賞を取るって、同じアジアの仲間としてちょっとうれしくなりますよね。

アカツキ：そうだな。しかもインドがアメリカで認められているのは映画の世界だけじゃないぞ。アメリカで民主党の大統領候補になったカマラ・ハリス氏は母親がインドからの移民だ。共和党でもトランプ大統領と指名を争った８人のうち、最後まで残ったニッキー・ヘイリー元国連大使を含む２人は、両親がインドからの移民なんだ。

ニッキー・ヘイリー氏(上)とカマラ・ハリス氏(下)

吉田：なんでそんなに人気があるんですか。もしかして、ムトゥばりの歌と踊りが武器ですか。

アカツキ：アメリカの経済界でインド系の人が大活躍している影響が大きいとみられている。**インドからアメリカには多くの人材が流れ込み、経済界の中枢を占めている**。たとえばグーグルのスンダー・ピチャイ氏、マイクロソフトのサティア・ナデラ氏、ユーチューブのニール・モハン氏、スターバックスのラックスマン・ナラシマン氏ら、米国の名だたる大企業の最高経営責任者（ＣＥＯ）にインド系の人たちが就いているんだ。

吉田：有名なアメリカ企業のトップ、ほとんど全部インドの人じゃないですか！　インドの人ってめちゃくちゃ優秀なんですね。

アカツキ：特に**IT業界では「インド人がいなければシステムが動かない」と言われるほど人材が豊富**なんだ。政府が早い時期からインド工科大学などでIT教育に力を入れてきたことや、英語が準公用語でアメリカと言葉の壁がなかったこと、シリコンバレーとちょうど12時間の時差があり、アメリカが発注したプログラムを夜のうちに仕上げるという形でIT産業が成長したことなどが理由といわれている。

吉田：すごい活躍だなぁ。インドと言えば日本でもタイガー・ジェット・シンが大活躍しましたもんね。

アカツキ：吉田、今いくつだ？　懐かしのレスラーを振り返らなくても、今だってインド人はIT技術者を中心に日本でもたくさん活躍しているし、インド系のインターナショナルスクールは日本人にも大人気だ。そしてインドと日本、アメリカ、オーストラリアは**「クアッド」**という枠組みを作って、中国の脅威に立ち向かうなどの取り組みを進めている仲間でもある。

吉田：まさに華麗な活躍ですね。インドだけに。

アカツキ：結局最後までカレーか。

レオナルド博士の用語解説

・**日本企業のインド進出**

急成長するインドにいち早く進出して大成功を収めたのが、自動車メーカーのスズキだ。1982年、国民誰もが手にできる国民車を造りたいというインド政府の呼びかけに応じ、現地のマルチ・ウドヨグ社との合弁会社「マルチ・スズキ」がスタートした。現地のニーズに合わせた安価で使いやすい車作りを目指したマルチ・スズキはインド国内シェアの40％超を占める圧倒的な人気を誇り、2018年にインド国内での累計生産台数が2000万台を超えた。日本は2022年、自動車生産台数で世界3位の座をインドに譲り渡したが、実は<u>インドで作られている車の半分近くがスズキ車</u>だ。

ただ、スズキに続く日本企業の影は薄い。大企業の3

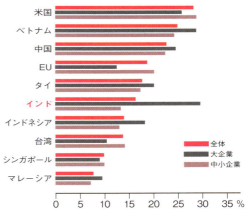

■ 日本の大企業210社の約3割が「今後の事業拡大先」にインドを挙げた

※大企業210社、中小企業970社を対象に調査、ジェトロの2023年度の調査から

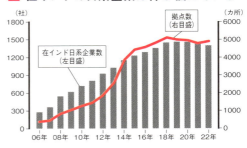

■ 在インドの日系企業は伸び悩んでいる

※2022年10月時点のジェトロのデータから

割がインドで事業を拡大したいと考えているが、実際にインドに進出している日系企業は2018年に1400社を超えてから伸び悩みが続く。過去にはＮＴＴドコモや第一三共などが巨額の費用を投じて事業展開を図ったものの撤退しており、日本企業にとってインドは「鬼門」と言われることも多い。スズキに続く成功例がなかなか出ないのはもどかしいが、インドで日本メーカーが関わった車が元気に走ってると考えると、ちょっと誇らしいよな。

• 西葛西

5000人超のインド人が暮らし「リトルインディア」とも呼ばれるのが、東京・江戸川区の東京メトロ西葛西駅周辺だ。同区内だけで、日本に住むインド人全体の1割超になる計算だ。なぜここにインド人が集まっているのか。そのカギを握るのが、「リトルインディアの父」こと貿易商のジャグモハン・チャンドラニさんだ。

チャンドラニさんが来日したのは1978

ジャグモハン・チャンドラニさん

年。都心から西葛西に引っ越して約40年になる。その後、コンピューターの誤作動が懸念された「2000年問題」をきっかけにインドの優れたIT技術者とその家族が次々に来日した。最初はホテル暮らしだった彼らが、家族と暮らす家を探すのは自然な流れ。ただ、日本の不動産業者は「外人」に厳しかった。そこでチャンドラニさんが相談会を開くと30人以上がつめかけた。「江戸川インド人会」設立のきっかけだ。

チャンドラニさんはマンションのオーナーらに掛け合って入居を説得、インド料理店「カルカッタ」を開いて食事の面倒もみた。インド人が安心して暮らせると評判になり、インド人学校もできた。近くを流れる荒川に、ガンジス川を重ねる人も多いという。あぁ、俺も地元テキサスのコロラド川に沈む夕日が見てぇなあ。

• クリケット

インド人が最も熱狂するスポーツが、クリケットだ。1チーム11人で攻撃と守備を交互に行う英国発祥のスポーツで、インドをはじめ人口の多いパキスタン、バングラデシュなど南アジアで盛んなため、競技人口はサッカーに次いで2番目に多いとも言われる。

木製で平らな面があるバットを使い、投手が投げた球を打者が打つなどルールは野球に似ているが、360度どこにでも打てる、10アウトまたは300

球（短縮版は120球）で交代などの違いがある。1試合に4〜5日かけることもある。

国際クリケット評議会（ICC）によると、2022年のワールドカップで行われたインド対パキスタン戦はインド国内で約2億6000万人が視聴した。インドやオーストラリア、パキスタンなどではプロリーグがあり、年収30億円を超えるスター選手もいる。インドプロリーグの放映権契約は視聴者数の多さを背景に1試合あたり約1400万ドル（約19億5000万円）にのぼり、これはアメリカンフットボールの米NFLに次いで世界で2番目に高額とされる。高額な放映権料が見込めるという後押しもあり、2028年に開催されるロサンゼルス五輪の正式種目に採用された。まさに、インドの勢いを象徴する話だよな。

20 中国の不動産バブル

造りまくって売れ残りまくりって、計画性無さすぎですよ！

吉田：先輩、ぼく、今すぐ中国に引っ越していいですか。止めても無駄ですよ。

アカツキ：どうした、お昼に食べた麻婆豆腐がそんなにうまかったのか。

吉田：いい大人ならちゃんとニュースを見なきゃダメですよ。中国では今、立派なマンションがたくさん廃墟になって放置されてるんです。３ＬＤＫをこっそり３部屋ぐらい使って「９ＬＬＬＤＤＤＫＫＫ」として住んでも絶対にばれませんよ。

アカツキ：確かに、中国では今たくさんのマンションが建設途中や完成した状態で放置されていることが問題になっているな。たとえば貴州省にある**「天下一の廃墟」**と呼ばれる高さ100メートル、総面積６万平方メートルの巨大集合住宅は、2018年にカラフルで豪華な外観が完成したあと、誰も入居しないまま放置されていて話題になった。天下一というが、このような廃墟はもはや珍しくない。**2023年９月には、中国政府の統計担当の元幹部が「不動産は供給過剰で、空き家は30億人分あ**

201

るとの推計もある。14億人では住みきれない」と発言しているんだ。

中国貴州省にある「天下第一水司楼」は地方政府の過剰な開発で出来た「天下一の廃墟」とも呼ばれる

吉田：ほら、誰も気づいていない今が、ただで部屋を手に入れるチャンスですよ。ぼく、すぐに帰って荷造りしてきます。

アカツキ：やめとけ。今話した「天下一の廃墟」に私の先輩の記者が近づいたところ、すぐに警察官が現れて「写真撮影は禁止だ。債務の問題があり、敏感な場所だから」と注意されたそうだ。しかも、貴州省の当局はこの廃墟を問題視し、開発を主導した地元・独山県の当時のトップを摘発している。日本人がこっそり住んだりしたら逮捕されるぐらいじゃ済まないかもしれないぞ。ちなみに中国の「県」は、日本で言うと「市」ぐらいのイメージだと思っておけばいい。

吉田：えーっ。摘発とか逮捕とか、なんでそんなにピリピリしてるんですか。空き家がたくさんあっても別にいいじゃないですか。

アカツキ：この「天下一の廃墟」の場合、地元の独山県が年間収入の20％にあたる2億元、日本円で約39億円を建設費として投入してしまった。ほかにも108ホールのゴルフ場、大学施設の誘致なども進めようとしていて、過剰な開発投資を続けた独山県は年間収入の40年分にあたる400億元、約7830億円もの借金を抱えてしまったんだ。貴州省で

は他の都市でも過剰と思える投資が相次いでいて、政府系のシンクタンクが「債務処理を進めるのは非常に難しく、省の能力だけではすでになすすべがない」と指摘した。中国メディアやネットでも「省レベルで初めての財政破綻が近いのではないか」と注目する文章が掲載されたが、間もなく削除された。

吉田：なんでそんなことになったんですか。貴州省のえらい人たち、借金してまでマンションを造っても売れ残るんじゃ意味が無いってわからなかったんですか。

アカツキ：貴州省だけの問題ではなく、同じようなケースが中国各地で起きている。**背景にあるのは、役人の出世欲**だ。共産主義の中国では土地は国有で、地方政府は土地の使用権を企業に売ることで収入を得てきた。使用権の売却収入は地方政府の財政収入の約4割を占めてきたんだ。売却で財政収入を増やし、しかも売った土地の開発で住民が増えて街が発展すれば、役人は中央政府から高く評価され、自身の昇進につながる。このように役人主導で物事が進むから、採算が取れるか、計画が実現するかなどは度外視されてしまった。

吉田：売れば売るほど儲かって出世できるんじゃ、役人さんたちもやめられませんね。

アカツキ：中国財政部によると、地方政府全体の使用権の売却収入は2021年時点で8.7兆元、約176兆円に達し、約20年間で150倍ほどに増えた。ただ、全国で行きすぎた開発が進み、大量の物件が売り出されてしまったことで、ついに土地や建物の価値が暴落する **「不動産バブルの崩壊」** が起きてしまったんだ。

吉田：バブル崩壊って日本でも起きたやつですよね。

203

アカツキ：中国のやつはちょっとレベルが違うぞ。中国で個人が住宅を買う動きが広がり始めたのは1998年ごろだった。当時の住宅販売額は2000億元、約4兆円だったが、急速な経済成長で人々の所得も上がり、住宅は値上がりし続けるという「神話」が広がった。地方政府がどんどん土地の使用権を売って開発を後押ししたことも重なり、富裕層を中心に自分用に1軒、子どものために1軒、投資用に1軒……と次々購入する人も増えた。結果、2021年の販売額は16.3兆元、約340兆円になった。20年強で約80倍に急拡大したわけだから、ものすごいバブルだよな。

吉田：80倍！　で、そのバブルはなんで崩壊したんですか。

アカツキ：きっかけを作ったのは習近平政権だ。習氏は**格差を縮めて社会全体が豊かになる「共同富裕」というスローガン**を掲げている。そのため、富裕層がどんどん購入したことで不動産価格が高騰し、一般庶民ではなかなか買えなくなったことが問題視された。政権は行きすぎた開発を抑えるため、**2020年に不動産会社の資金調達に規制をかけたんだ。そのため各社の資金繰りが厳しくなり、経営が悪化**。「買えば必ず値上がりする」という不動産神話が崩れ、2022年の住宅販売額は前年比3割減に落ち込み、価格も大幅に下落してしまった。

吉田：企業は地方政府から土地を買ってるわけだから、不動産の価値が急に下がったら大損ですよね。

アカツキ：その通りだ。政府がかけた急ブレーキにより、**最大手の「中国恒大集団」をはじめとする中国の不動産大手は深刻な経営難**に陥った。恒大集団はその後経営が破綻し、2024年1月には香港の高等法院が会社を清算するよう命じる判決を出した。恒大集団などが手がけていた物

件の中には開発が中断され、そのまま放置されているものも少なくない。

吉田：なるほど、だから中国にはあんなに廃墟があるんですね。

アカツキ：そういうことだ。しかも影響は企業だけにとどまらなかった。各地で開発がストップし、地方政府が得てきた使用権の売却収入は2022年は前年から約２割減り、2023年も13％減った。目算通りに開発が進まず、地方政府が投資したお金も回収できなくなったことで、**地方政府の借金（債務残高）は2023年末時点で40兆元、約825兆円**にも達しているという。

吉田：825兆！ チョー大変じゃないですか。

建設の途中で工事が止まった山東省のマンション。中国恒大集団が手がけたとみられる＝2023年９月

205

アカツキ：明るみに出ていない**「隠れ債務」**もあるとみられていて、国際通貨基金（ＩＭＦ）は2023年、地方政府の隠れ債務だけでも66兆元、約1292兆円あり、**2027年には100兆元、約1956兆円に達するという予測**を発表している。

吉田：1956兆円！　チョーチョー衝撃ですね。

アカツキ：いくら繰り返しても笑えないぞ。地方政府の財政が急激に悪化した結果、公務員に給料が支払われないという問題もあちこちで起きている。2023年９月には、天津市の公共バス運営会社の社員とみられる人がネットに「指導者の皆さま。我々現場で働く者たちはどうすればいいのですか」と投稿して注目された。給料が３カ月間支払われていないといい、「親の仕送りに頼るしかなく、本当に苦しい」と訴えた。遼寧省では市営公園の動物展示コーナーに「我々は６カ月給料がない。動物のエサは尽きた。間もなく飢え死にする」と書いた紙も張り出された。

吉田：出世に目がくらんだ役人たちのせいで動物たちが飢えるなんてひどすぎます！　先輩、なんとかならないんですか。

アカツキ：私の先輩の記者が現地を訪れたところ、動物たちは市民から差し入れされた白菜やニンジンで飢えをしのいでいて、職員たちは貯金を取り崩したり、親族を頼ったりして暮らしていたそうだ。中国各地で公務員の削減や給料引き下げが起きていて、バス料金の値上げや路線の廃止など、一般市民にも大きな影響が出ている。

吉田：公務員、動物、一般の人。もうほかに影響はないですね？

アカツキ：いやいや、**不動産バブルの崩壊は中国全体の景気、そして世界経済にも影響を及ぼす**とみられている。**不動産関連産業は中国の国内総**

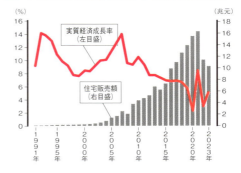

中国の実質経済成長率と住宅販売額

生産（GDP）の約3割を生み出しており、そこが縮めば経済成長の鈍化に直結する。しかも不動産価格が下がったことで、一般の人々がものを買ったりお金を使ったりする消費意欲も冷え込んでいる。中国の景気減速は避けられそうにない。

吉田：聞くのが怖いですけど、日本や世界の経済にはどれぐらい影響があるんですか。

アカツキ：中国は今や世界2位の経済大国だ。2013〜2021年の平均で、世界の経済成長のうち38.6%は中国の貢献という推計もある。コロナ禍前の中国は年6〜7%の経済成長が続いたが、IMFは2028年には3.5%まで下がると予測している。IMFは2023年10月、「中国の不動産危機はさらに深まるとみられ、世界経済にとって重大なリスクになる」と警鐘を鳴らしている。

吉田：もうダメだ。くらくらしてきたので今日は早退します。

アカツキ：今日も、だろ。

● 中国恒大集団

創業者の許家印氏が一代で築き上げた中国不動産最大手。河南省の貧しい農家に生まれた許氏は早くに母親を亡くし、文化大革命で大学入試が中止されるなどの不遇を味わった。大学卒業後に地元の鉄鋼会社に就職

中国恒大集団本社

した後、1996年に広州市で10人足らずの仲間と起業した。
同社の物件は小さい面積で低価格、低コストという特徴を強みに購入希望者の行列ができるほどの人気を博し、中国南部を中心に全国へ展開。電気自動車、テーマパークなどにも事業を広げ、プロサッカーチームの広州ＦＣ（旧広州恒大）も所有するなど中国を代表する企業に急成長した。米経済誌フォーブスによると許氏は2017年、総資産425億ドル（約４兆８千億円）で中国一の富豪となった。
2019年ごろから習近平政権の方針転換もあり業績が急激に悪化し経営危機に。2023年９月には許氏が犯罪に関わった疑いで中国当局から「強制措置を執られた」ことを発表。2023年６月末時点で負債総額が２兆3882億元（約49兆円）となり債務超過に陥ったことから、香港の高等法院（高裁に相当）は2024年１月、会社を清算するよう命じる判決を出した。一代でこれほどの企業を築き上げ、一代で滅んだのか。「恒大

集団」って、「栄枯盛衰」と同じ意味の故事成語になっちまいそうだな。

• 中国の人口減少

中国の2022年末時点での総人口は14億1175万人となり、21年末から85万人減っていた。人口減は1961年以来61年ぶり。少子高齢化のためで、2022年の出生数は956万人と建国以来最少となった一方、65歳以上は2億978万人と過去最多となった。2023年4月にはインドが中国を抜いて人口世界一になるとの推計が国連から発表され、中国は人口世界一の座を失った。

中国政府は人口爆発を恐れて、1979年から抑制策となる「一人っ子政策」を続けてきたが、少子高齢化を受け、2016年から2人目、21年から3人目を解禁した。一人っ子政策をやめて10年近くが経つが、上の世代がすでに減っており、中国の人口が増加に転じるのはかなり先になると推計されている。インドと中国の経済の勢いを考えると、人口と経済成長ってのはリンクしているのは間違いないよな。日本、大丈夫か。

• 若年層の失業率

中国では2023年6月、若年層（16〜24歳）の失業率が過去最高の21.3%を記録した。すると国家統計局は翌7月から、調査方法を見直すなどとして若年層の失業率の発表を取りやめ、世界各国から「都合の悪い数字を隠している」と批判を浴びた。このころ、中国国内のアナリストらが当局から、経済について「ネガティブな言及をしないように」と指示されたことが明らかになり、有力経済誌が改革路線を論じた社説や、ニュースサイト大手が出稼ぎ労働者の困難さを描いた動画などがネット

209

上で閲覧できなくなった。

同年12月に国家統計局が発表を再開したところ、若年層の失業率は14.9%に急降下。仕事を探していても学生は統計から除くよう改めた結果だという。国家統計局の康義局長は記者会見で、調査方法の変更について「学生をまぜると、本当に仕事が必要な若者の失業状況が正確に反映されなくなるため」と説明した。

こうやって都合の悪い数字は発表しなかったり、統計の取り方を変えたりすると、中国政府がいくら「景気がいいです」と言い張っても怪しく見えちまうよな。

・地方政府による在庫住宅買い取り

中国の何立峰副首相は2024年5月、不況が続く不動産業界へのテコ入れ策として、国内で売れ残っている在庫住宅を地方政府に買い取らせ、中低所得者向けの安価な住宅に転換する方針を示した。中国人民銀行（中央銀行）も同日に住宅ローン金利の下限の撤廃を発表するなど、政府を挙げて不動産問題への対策を急いでいる。

中国国家統計局によると、国内の販売住宅の在庫面積は2024年4月末時点で3億9088万平方メートルと、2021年末から約1.7倍に膨れあがっている。

野放図に土地の使用権を売ってバブルを招いた地方政府に自ら責任をとらせた形だが、元々傷んでいる地方政府の懐をさらに痛めつけて大丈夫なのか？

21 地球沸騰の時代

温暖化でイカやサンマが食べられなくなるなんて、絶対にイヤです！

アカツキ：取材から戻ったぞ……うわっ、なんだこの部屋の暑さは！　エアコンの設定が36度ってどういうことだ。

吉田：だって平熱といえば36度じゃないですか。ぼくの生まれ故郷の島根では、「平常心」と「平熱」と「Hey　Siri」の「3へい」を守れば家が栄えるという格言があるんですよ。

アカツキ：島根はリンゴマークのあの会社からふるさと納税でも受けているのか？　いいか、環境省は夏の室温は28度、冬は20度にすることを推奨してるんだ。36度はむちゃくちゃだぞ。

吉田：あっ、あれですね。地球温暖化対策。でも部屋の温度を変えるぐらいで温暖化が防げるんですか。

アカツキ：そうじゃない。温暖化の原因は二酸化炭素などの温室効果ガスだ。エアコンを使いすぎないことで電力消費を減らして、火力発電で電気を作るときに出る二酸化炭素を抑えることができる。**温暖化は、**

■ **急激に高まる大気中の二酸化炭素濃度と世界の平均気温**

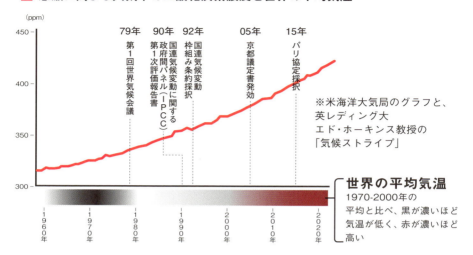

2023年に国連のグテーレス事務総長が「地球温暖化の時代は終わり、地球沸騰の時代が来た」と発言するほど深刻な状況で、今まさに世界中の国々が協力して温室効果ガスの排出を減らそうとしているんだ。

吉田：でも先輩、地球温暖化って本当に進んでるんですか。夏は確かに暑いけど、冬は普通に寒くなるし、実感がわきません。

アカツキ：間違いなく進んでいる。先進国で化石燃料を使うようになった産業革命前の19世紀後半と比べて、地球の平均気温は約1.1度上がった。これは、人間が二酸化炭素などの温室効果ガスを排出してきたことなどが原因だ。

吉田：1.1度ぐらいなら、夏場だけちょっと我慢すればいいじゃないですか。

アカツキ：そういうわけにはいかない。**温暖化は様々な異常気象の原因になっている**からだ。世界気象機関（WMO）は、1970年から2019年までの約50年間で、干ばつや洪水など異常気象との関連が指摘される災

　害が5倍に増えたと報告している。この間、約1万1000件の気象災害が起き、200万人以上が死亡した。日本でも、極端な大雨の頻度が1980年ごろに比べて約2倍に増加している。気象庁気象研究所などによると、広島、岡山、愛媛に甚大な被害をもたらした2018年の西日本豪雨は、温暖化によって3.3倍起こりやすくなっていた。ただ気温が上がるだけじゃなくて、災害のリスクが増えてしまうのも問題なんだ。

吉田：災害が温暖化の影響だって、なぜわかるんですか。たまたま起きたのかもしれませんよ。

アカツキ：温暖化した地球と、温暖化のない地球をコンピューター上で再現して、それぞれで異常気象が起こる確率を計算する**「イベントアトリビューション」**という手法で調べているんだ。このやり方で、特定の気象災害について、温暖化の影響がどの程度あるのか調べられる。

吉田：コンピューター！　あいつは頭がいいですからねぇ。なら納得です。

アカツキ：コンピューターへの信頼がすごいな。国際研究グループ「ワールド・

213

ウェザー・アトリビュー
ション」は、2023年7
月に欧州や北米、中国
を襲った熱波や、2022
年夏にパキスタンで起
きた国土の3分の1が
冠水したとされる大洪
水、同年7月にイギリ
スで最高気温40度を
記録した熱波などは、

■ 温暖化で増える異常気象

産業革命前と比べて	+1.1℃	+1.5℃	+2.0℃	+4.0℃
気温 （暑い日の気温）	+1.2℃	+1.9℃	+2.6℃	+5.1℃
干ばつ （頻度）	1.7倍	2.0倍	2.4倍	4.1倍
雨 （大雨の頻度）	1.3倍	1.5倍	1.7倍	2.7倍
雪 （地表のカバー率）	-1%	-5%	-9%	-26%
熱帯低気圧 （強さ）	—	+10%	+13%	+30%

※ IPCC第6次評価報告書から作成

温暖化の影響があると結論づけている。

吉田：国土の3分の1！　島根の3分の1が水没したら、島根にしか生息
　　　していないトリケラトプスはどうなっちゃうんですか。ぼく、温暖化
　　　に絶対反対です。

アカツキ：トリケラトプスのことも心配だが、政府の「日本の気候変動2020」
　　　によると、**追加的な温室効果ガスの排出削減を進めなかった場合、
　　　21世紀末の日本は20世紀末と比べて平均気温が約4.5度上昇する**。
　　　最高気温35度以上の猛暑日は19.1日増えると予測されている。激し
　　　い雨や、強い台風の割合も増える。

吉田：そんなにですか。さすがに我慢で何とかなるレベルじゃありませんね。

アカツキ：しかも温暖化の影響は陸上だけじゃなくて、海の温度も高くなって
　　　いるんだ。気象庁によると、**日本近海の海面水温は、平均で100年
　　　あたり1.28度のペースで上昇**している。水温の変化のしかたには海
　　　域ごとにばらつきがあって、世界平均では0.61度だったから、日本

近海はその2倍以上
　　　のペースだ。
吉田：なんで日本の周りだ
　　　けそんなにペースが
　　　速いんですか。
アカツキ：海上より陸上の方が
　　　気温の上昇率が大き
　　　く、大陸に近い日本
　　　の海はその影響を強
　　　く受けている可能性
　　　がある。熱を運ぶ黒
　　　潮などの海流の変化
　　　も要因といわれる。

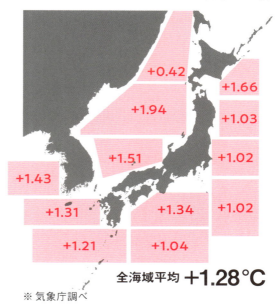

■ 日本近海の100年あたりの海面水温の上昇

+0.42
+1.66
+1.94
+1.03
+1.51
+1.02
+1.43
+1.31
+1.34
+1.02
+1.21
+1.04

全海域平均 **+1.28℃**

※気象庁調べ

吉田：でも、海の温度が高くなったら何がまずいんですか。海水浴のとき唇が紫にならなくていいじゃないですか。

アカツキ：日本付近では**サンマやスルメイカ、サケ類の漁獲量が激減**している。20年前の2003年と比べると、サンマとスルメイカの漁獲量は10分の1に、サケ類は5分の1に減ってしまった。その結果、2023年の日本全体の漁獲量は過去最低を記録したんだ。水温が変わったことで魚が生息する海域が変わってしまった可能性が高い。

吉田：そんなに減ってるんですか！　でも魚がすむ場所が変わったなら、追いかけていって取ればいいじゃないですか。

アカツキ：マグロやカツオを追って世界の海を駆け回る遠洋漁業と違って、サンマやスルメイカは日本から2～3日で帰れる場所で取る「沖合漁

業」が中心だ。燃料に限りがあるし、最近は燃料が高騰していることもあって、魚がいないからと遠くまで追いかけるわけにはいかないんだ。サケ類の場合は、お隣ロシアとの関係で漁ができる海域が限られているという問題がある。

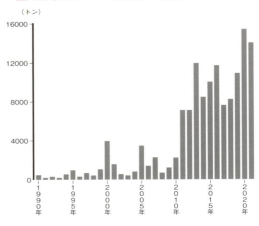

■ 北海道のブリ漁獲量の推移

※「北海道水産現勢」から

吉田：あっ、じゃあ逆にたくさん取れるようになった魚はいないんですか。冷たい水が好きな魚ばかりじゃないですよね。

アカツキ：そうだな。たとえば<u>ブリはこれまであまり取れなかった北海道で大漁が続き、近年の水揚げ量は1990年代の約20倍</u>になった。有名な富山の「氷見の寒ブリ」にも引けを取らない脂ののりだそうだ。

吉田：温かい水が好きな魚は喜んでるってことですよね？　じゃあプラスマイナスゼロじゃないですか。

アカツキ：そう単純な話じゃない。実は近年、<u>沖縄などのサンゴ礁では高い海水温のせいで大規模な白化現象とサンゴの大量死が繰り返し起きている</u>。また、沿岸に海藻が茂る「藻場」は様々な生き物にとって大切なすみかで「命のゆりかご」と呼ばれるが、海水温が高くなるとダメージを受けやすい。藻場が失われる現象は「磯焼け」と呼ばれていて、魚類やアワビ、伊勢エビ、ウニといった生き物が暮らせなくなっている。

有害な植物プランクトンが大発生して魚介類を死滅させる大規模な赤潮被害も、高水温がきっかけになったと指摘されている。

吉田：やっぱり温暖化は困るんですね。回転寿司でサンマもイカもサケもウニも無くなるなんて絶対イヤです。

アカツキ：温暖化で食べられなくなるのは魚だけじゃないぞ。**気温上昇や干ばつによって農作物が不作になるリスクが高まるから、影響はあらゆる食べ物に及ぶ**。さらに、熱帯地域で流行する病原体を運ぶ蚊が北上してくることで、感染症が増加する恐れも指摘されている。

吉田：腹ぺこでガリガリにやせて高熱にうなされなきゃいけないなんて、絶対にイヤですよ。よし、今日から地球を冷やすためみんなで冷蔵庫の扉を開けっ放しにしましょう。

アカツキ：それじゃ二酸化炭素が爆増するだろ。

レオナルド博士の用語解説

• 地球沸騰

国連のグテーレス事務総長は2023年7月27日、米ニューヨークの国連本部で**「地球温暖化の時代は終わり、地球沸騰の時代が来た」**と述べた。7月の世界の平均気温が観測史上最も高くなったことをうけた発言だった。

国連のグレーテス事務総長

世界気象機関（WMO）と、ＥＵの気象情報機関「コペルニクス気候変動サービス」は同年10月、2023年は観測史上最も暑い年になるとの見方を示した。勢いを増す地球温暖化に、太平洋赤道域の東側の海面水温が高くなるエルニーニョ現象が重なったためとみられる。過去最高の世界平均気温を記録した2016年も、二つの現象が重なっていた。

エルニーニョ現象が始まった2023年春以降、世界各地で熱波が頻発した。5月にはベトナムやラオスで過去最高の40度以上、7月には中国新疆ウイグル自治区のトゥルファン盆地で52.2度を記録。日本や欧米でも記録的な暑さとなり、6～9月の4カ月間は、日本も、世界全体も過去最高の平均気温を記録した。もはや「温暖化」なんていう生ぬるい言葉じゃ現状を表せないぐらい、地球はピンチってことだな。

• 1.5度目標

気候変動による破滅を防ぐために、**世界は産業革命前からの気温上昇を「1.5度未満」に抑えることで合意**している。2015年、パリで開かれた国

連気候変動枠組み条約締約国会議（COP21）で採択されたパリ協定では「世界の平均気温上昇を産業革命以前に比べて2度より十分低く保つとともに、1.5度に抑える努力をする」とされていた。ところが、その後の研究で2度上昇の影響が許容できないほど大きいことがわかり、2021年に英グラスゴーで開かれた「COP26」で改めて1.5度に抑える努力を追求することで合意し、世界の共通目標になった。

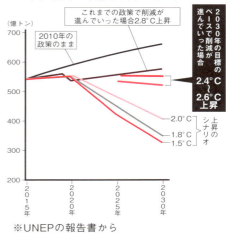

■ 世界の温室効果ガス排出量と今世紀末の気温上昇の予測

※UNEPの報告書から

1.5度に抑えるには、<u>温室効果ガス排出量を2030年に2019年比で43％、2035年には60％削減する必要がある</u>。実現はかなり難しく、国連環境計画（UNEP）はこのままでは地球の平均気温が2.5〜2.9度上昇する可能性が高いとしている。絶望的な気分になってきたが、希望は捨てちゃいけねぇ。いよいよ俺たち鷹の爪団が、地球のため本気を出すときがやってきたようだな。

いよいよ俺たち鷹の爪団が、地球のため本気を出すときがやってきたようだな。

第 4 章

22・チャットGPT
23・春闘って何?
24・歪むふるさと納税
25・不動産価格高騰の深層
26・自動車の型式指定問題
27・リニア中央新幹線

つづく…

22 チャットGPT
AIに足がないうちに全部電源を切っちゃわないと大変なことになりますよ！

吉田：先輩、教えてください。世界のどこかに「チャック閉ーめーてー」って頼んでくるすごい仙人様がいて、その人に聞けば何でもわかるらしいんです。でもどこに行ったら会えるのかわからなくて。

アカツキ：社会の窓は人に閉めてもらうものじゃないし、たぶんそれは「チャットＧＰＴ」のことだな。仙人じゃなくてアメリカの「オープンＡＩ」という会社が作った人工知能だ。で、一体何を聞きたいんだ？

吉田：ぼくたち鷹の爪団が、なぜいつになっても世界征服ができないのか教えてほしいんです。

アカツキ：仕事中に何をバカなことを……と言いたいが、それは日本中にいるかもしれない鷹の爪ファンのみなさんも気になるところだろうから、私が聞いてやろう。

吉田：おねしゃす！

アカツキ：よし、結果が出たぞ。ついでに世界征服をする方法も聞いておいたから、

よく読んで総統さんと話し合ってこい。

吉田：なになに、原因は総統の性格、そして、ぼくのドジなミスか。くやしいけどめちゃくちゃ当たってる気がします。チャットなんとかって、何者なんですか。

アカツキ：チャットＧＰＴはインターネット上で使える人工知能、ＡＩだ。人間と自然な言葉でやりとりできるのが特徴だから、「対話型ＡＩ」と呼ばれている。さっきの鷹の爪団についての質問のように、質問文や依頼文を打ち込むと文章で回答してくれる。文章の翻訳や要約もできるし、ビジネスの場面でも企画書や営業のメールの下書きを書いたり、顧客の問い合わせに対応したりもできる。

吉田：チャッピーはなんでそんなに物知りなんですか。

アカツキ：チャッピー……。いきなりなれなれしいな。実は、チャットＧＰＴは「答えを知っている」わけじゃなく、「もっともらしい文章」を生み出しているだけだと考えられている。文章を生み出すしくみはシンプルで、ひたすら次の単語を予測していく、というものだ。たとえば「角煮のレシピは？」と質問すると、「角煮」を含む質問文から一番もっともらしい言葉を選び、前の言葉とのつながりも考えて自然な文章

チャットＧＰＴに聞いた

「鷹の爪団が世界征服できない理由」

総統の悩み多き性格
吉田のドジなミス
メンバーの個性の衝突

「鷹の爪団が世界征服するには？」

チームワークと組織力の向上
高度な戦略と計画の策定
新たな兵器やテクノロジーの開発
ライバルとの関係構築
吉田の活躍

※アニメの世界で、という条件で
実際に質問した結果

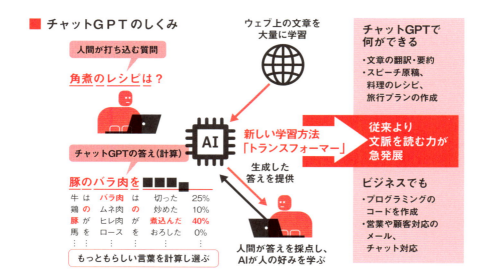

になるよう「豚」「の」「バラ肉」「を」……と回答の文章を生成し始める。質問や回答の文字列を数値化して計算して、これまで学習した単語から最も得点が高いものを次々に選んでいくんだ。最新のチャットＧＰＴがどれぐらいの単語を学習しているかは明らかにされていないが、以前のバージョンでも数千億個単位の単語を事前に学習しているそうだ。

吉田：えっ、いちいち計算してるんですか？ そんなのめちゃくちゃ時間がかかるじゃないですか。

アカツキ：チャットＧＰＴは開発時にネット上の膨大な情報を読み込み、文章や会話の自然な流れを学習したと考えられている。ＡＩが作った答えを教師役の人間が採点してＡＩに教えることを繰り返したり、2017年にグーグルが発表した「トランスフォーマー」と呼ばれる画期的なＡＩの言語学習方法で訓練したりしたことで、優れた計算方

法が生まれたとみられている。さらにコンピューターの性能が上がり、瞬時に膨大な計算ができるようになった影響も大きい。計算のやり方とコンピューターの性能の両方が向上したことで、文章として適切な単語を計算ではじき出す「先読み」や、長い文章を記憶し、文脈を踏まえて回答する能力が高まったと考えられている。

吉田：なんだかよくわからないけど、チャッピーが頑張ったことと、めちゃくちゃ頭がいいということはわかりました。

アカツキ：すごいのは会話だけじゃないぞ。パソコンやスマホを動かすソフトや、サイトを作ったりするプログラミングのコードも「こんなコードを作って」と日本語でお願いするだけで、数十秒ですらすら生成してくれる。プログラマーの間でも「時間が節約できる」と実際に使われ始めている。他にも、米国や日本の医師資格試験やＭＢＡの試験で、合格点に達するような回答ができるとの報告も相次いでいる。チャットＧＰＴの最新版は文字だけじゃなく、音声も瞬時に聞き取って、人と自然な会話ができるんだ。

吉田：チャッピー、目とアタマだけじゃなくて、耳と口も手に入れたってことですね。あとは手足が付いたら、完全に人間じゃないですか。

アカツキ：チャットＧＰＴを作ったオープンＡＩは、「こんな画像を作って」とお願いするとその内容を表現した自然な画像を出力するＡＩも発表している。また、日米英の研究者たちが、「ＡＩを実験器具につなぎ自ら次々に実験させることで、ノーベル賞級の発見をさせる」という取り組みも始めている。そういう意味では、ＡＩはすでに絵筆を握ったり、実験器具を操ったりする「手」も手に入れたといえる。イラストレーターや新聞記者、プログラマー、大学教員も含め、ホワイトカラー

全般の職を脅かすのではないか、ともいわれているんだ。

吉田：せっかく記者になったのに仕事がなくなるのかぁ。ぼく、チャッピーに勝てるところがないような 気 がしてきたんですけど。

アカツキ：いや、そうとは限らないぞ。現在のチャットＧＰＴの最大の弱点は、答えに完全な誤りが含まれる場合があることだ。文章としてのもっともらしさの計算に基づい

■ 最新のＡＩ技術の可能性とリスク

可能性

- ・メールの文書作成、プログラミングの支援などによる業務の生産性向上
- ・企業の製造施設、サプライチェーン（供給網）の管理
- ・学習支援
- ・悩み事のカウンセリング
- ・新薬の開発、がんの診断など医療への活用

リスク

- ・間違った回答をする可能性
- ・ディープフェイク画像などの生成によるなりすまし、選挙への影響
- ・性別、人種などによるバイアス（偏見）
- ・雇用への影響
- ・無人ドローンなど軍事利用での誤作動、悪用

て生成しているだけで、事実関係の正しさを判断する機能は備わっていないと考えられている。学習したデータに誤りがある場合や、データが少ない日本語ベースの人物の紹介や歴史的事実については誤りが含まれやすい。東京大学は2022年４月に出した学内向けの指針で「非常に話し上手な『知ったかぶりの人物』と話をしているような感じ」と表現し、注意を呼びかけた。ただ、チャットＧＰＴをはじめとするＡＩは今も急激に進化を続けているから、このような弱点もやがて克服されるかもしれない。

吉田：弱点を克服したら、知ったかぶりじゃなくて本当にアタマのいいチャッピーになるってことですよね。

アカツキ：ＡＩの研究では、「人間と同様の思考ができる」ことが究極の目標と

されてきた。計算や記憶といった特定の能力ではとっくにコンピューターが人間を上回っているが、総合的にはまだ人間に及ばないと考えられている。チャットＧＰＴも、実は「会話」という特定の機能に特化したＡＩにすぎない。ただ、このままＡＩが進化を続けると、本当に人間の脳を上回る日が来るかもしれない。ＡＩが人間の知性を上回ることを「シンギュラリティ」と呼んでいて、研究者の間でも2030年に訪れるという人や2045年に訪れるという人がいる。

吉田：ＡＩが人間より頭がよくなって、しかも自分の手で道具を自由に操れたら、人間がＡＩに滅ぼされちゃいませんか。チャッピーが突然恐ろしく見えてきました。

アカツキ：その危険性をはっきりと否定するのは難しい。実際、2023年５月には、人工知能に関わる世界的な著名人数百人が「ＡＩはいつか人類を滅ぼす可能性がある」と警告する文書に署名したとニューヨークタイムズが報じた。数年前なら笑い話やＳＦ映画の中だけの話だったこ

とが、ＡＩの急激すぎる進化によって荒唐無稽とは言い切れなくなっている。シンギュラリティはまだ先のことだとしても、実際にＡＩが不正に利用され、社会に影響を与える事態は起き始めている。

吉田：チャッピーがどんな悪いことをしたっていうんですか。言いがかりは許しませんからね。

アカツキ：2024年のアメリカ大統領選予備選では、民主党のバイデン大統領のニセ音声が自身に投票しないよう有権者に電話するという事件が起きた。ロシアによるウクライナ侵攻やパレスチナ自治区ガザの紛争などでは世論を操作するため、ＡＩが作ったコメントがＳＮＳに投稿されていた。日本も無関係じゃないぞ。東京電力福島第一原発から海洋放出された処理水が環境に被害を与えていると批判する文章がＡＩで生成され、中国語や英語、日本語、韓国語などでＳＮＳに投稿されていた。ＡＩを使うことで、対立する問題で一方の意見を持

■ 生成AIと選挙をめぐる事例

パキスタン	ベネズエラ
2023年12月 収監中のカーン元首相率いる政党が、 総選挙に絡んで元首相の文章をAIで 音声化し、動画で配信	2023年の初め 架空のチャンネルのキャスターが 政権寄りの情報を広める動画を 国営メディアがSNSで配信
ナイジェリア	ブラジル
2023年2月 大統領候補が選挙で不正投票の 計画に関与しているという 偽の音声が拡散	2022年10月 大統領選の決選投票を前に、 世論調査で現職大統領（当時）が 優位だとする偽動画が出回る

米人権団体「フリーダムハウス」の報告書と英ガーディアン紙から

230　第4章 【くらしと社会の経済】 22. チャットGPT

つ人が多数いるように見せかけることが可能なんだ。

吉田：危なすぎるじゃないですか。チャッピーにはかわいそうですけど、今すぐ世界中のＡＩの電源を切りましょう。ＡＩに足がなくて、逃げ出せない今のうちがチャンスです。

アカツキ：ただ、ＡＩはタクシーの配車やコンビニの商品発注など、すでに私たちの生活に深く入り込んでいる。ＡＩを活用しつつどう向き合っていくかは、今や人類にとって最大の課題の一つなんだ。主要７カ国首脳会議でも重要議題になったし、ヨーロッパは2024年５月に「ＡＩ法」を作ってＡＩの使用を規制し、140人態勢で不正利用を監視することを決めた。日本でも法規制の検討が進んでいる。

吉田：人間と同じぐらい頭がいいんだから、チャッピーだってルールを守らなきゃいけないのは当然ですよね。

アカツキ：それがわかってるなら、吉田もルール通りちゃんと働いてくれないか……。

レオナルド博士の用語解説

・AI法

EUが2024年5月に定めた、世界で初めて人工知能（AI）を包括的に規制する法律。技術そのものではなく使い方による影響のリスクを分類。事業者に説明責任などの義務を課す。

リスクは4分類され、高いほど規制は厳しくなる。たとえば「犯罪行為を促すために潜在意識を操作するようなサブリミナル技術」「高度な監視カメラなどを用いて、顔認証などの生体認証技術をリアルタイムで犯罪捜査に使うこと」などは最もリスクが高いとして、禁止される。チャットGPTなどの生成AIについては、別枠でも規定が設けられ、著作権の順守、開発するための学習に使ったデータの詳細な概要を公開することなどを義務づけた。

「禁止」分野に違反すれば、3500万ユーロ（約59億円）または全世界年間総売上高の7％のうち、高い方の金額が制裁金として科される。その他の分類での義務を履行しなかった場合は、事業規模などに応じて1500万ユーロ（約25億円）または全世界年間総売上高の3％を上限とした制

■ AIのリスク分類

高	許容できないリスク（行政機関による個人の信用評価）	▶ 禁止
	高リスク（入試や採用でのリスク）	▶ 厳格な管理
	特定の透明性が必要なリスク（チャットボット）	▶ AI使用の開示を義務化
低	最小リスク（迷惑メールの仕分け）	▶ 規制なし

裁金が設けられた。日本をはじめ多くの国がルールづくりを模索するなか、EUの新たなルールは今後、「世界標準」になる可能性もある。ＡＩ法という名前だが、罰する対象はＡＩを使う人間だ。ＡＩが自分で悪いことをし始めたら、どうすりゃいいんだろうな。

• エヌビディア

本文でも触れられている通り、チャットＧＰＴなどのＡＩを動かすには、超高性能なコンピューターが必要だ。その心臓部は「ＧＰＵ」と呼ばれる半導体で、**ＡＩ向けのＧＰＵで世界シェア８割超を握るのが米半導体大手エヌビディア**だ。

エヌビディアは2024年６月、企業の価値を表す時価総額が３兆4000億ドル（約527兆円）に達し、米アップルや米マイクロソフトを抜いて世界一になった。エヌビディアの時価総額は2023年５月に１兆ドル、2024年２月に２兆ドル、同年６月初めに３兆ドルを突破。世界の企業で時価総額３兆ドルを超えたのはマイクロソフト、アップルに次いで史上３社目となった。

ＡＩの開発やサービス提供には膨大な計算能力が必要だ。各社が大量のコンピューターを運用するデータセンターを設立しており、高性能なＡＩの運用に欠かせないエヌビディアの半導体は供給が追いつかない状況だ。

創業者の一人でＣＥＯのジェンスン・フアン氏は台湾出身で黒い革ジャンがトレードマーク。マイクロソフトのビル・ゲイツ氏、アッ

エヌビディアCEO
ジェンスン・フアン氏

プルのスティーブ・ジョブズ氏と肩を並べるカリスマ経営者に上り詰めたといえる。はぁ、うちの総統にこの３人の１％でもカリスマ性があったらなぁ。

● Ｓａｋａｎａ（サカナ）ＡＩ

元グーグルのＡＩ研究者らが2023年、東京に設立。小さな魚が集まって１匹の大魚のように泳ぐ物語「スイミー」のように、**小さなＡＩをいくつもつないで巨大ＡＩに匹敵する能力をもつ仮想のＡＩモデルを作る構想**を掲げる。生成ＡＩ開発は、巨大なデータセンターなどが必要なため米マイクロソフトから巨額の出資を受けるオープンＡＩなど少数のＩＴ企業が独走し、その他のＡＩ開発企業は太刀打ちできなかった。ＳａｋａｎａＡＩの新技術はエージェントモデルと呼ばれ、開発コストを劇的に下げる可能性があり、巨額な資金が求められるＡＩ開発競争に一石を投じる狙いだ。

サカナＡＩは、グーグル日本法人の元社員でＡＩ研究者のデイビッド・ハさんとライオン・ジョーンズさん、英スタビリティーＡＩの元最高執行責任者（ＣＯＯ）の伊藤錬さんの３人が率いる。日本からはＮＴＴ、ＫＤＤＩ、ソニーが出資した。一寸のサカナにも五分の魂、ってところをアメリカの巨大企業たちに見せつけてやろうじゃねぇか。

一寸のサカナにも五分の魂、ってところをアメリカの巨大企業たちに見せつけてやろうじゃねぇか。

23 春闘って何?

物価が上がってるのに給料を上げないなんて、日本の社長はケチばかりですか!

吉田：給料上げろーーー！　もっとおこづかいよこせーー！

アカツキ：うるさいな。両手にアイドルの応援みたいなうちわを持って何の騒ぎだ？

吉田：やだなぁ先輩。これはプラカードですよ。春闘です、春闘。さぁ先輩、今すぐぼくの給料を５倍に上げてください！

アカツキ：労働者の権利に目覚めるのはいいことだが、私には吉田の給料を決める権限はないんだ。そもそも吉田、春闘って何のことだかわかってるのか？

吉田：わかってるわけないじゃないですか。春闘だけじゃなく夏闘のことも秋闘のことも冬闘のこともわかってません！

アカツキ：何て読めばいいか読者を悩ませるような言葉を勝手に作るな。春闘というのは、**働く人でつくる労働組合が年に１回、企業などの経営者に、賃上げなど待遇の改善を求めること**なんだ。

235

吉田：なんで春だけなんですか。花粉症の人は鼻声で求めることになるじゃないですか。

アカツキ：1955年1月に、炭鉱や鉄道など六つの産業別組織がまとまって開いた「春季賃上げ共闘総決起集会」という集まりが春闘の始まりだといわれている。それぞれの企業の労働組合が別々に経営者と交渉するより、労働組合全体が横並びで足並みをそろえたほうが、交渉力が高まるという考え方だ。

吉田：「赤信号、みんなで渡れば怖くない」ってやつですか。

アカツキ：おぉ、珍しく大正解だ。このとき、労働組合を束ねる総評という団体の議長だった太田薫という人が、「みんなで一斉にやれば怖くない。闇夜にはお手々をつないでいこう」と呼びかけた。太田氏は今でも「春闘の生みの親」と呼ばれている。でも吉田、信号はちゃんと守れよ。

吉田：ふふっ、ぼくだってやるときはやるんですよ。で、その総決起集会に出てきた「シン・阿部教頭」って誰ですか。古い阿部教頭はどこに行ったんですか。

アカツキ：賃上げ共闘な。賃上げとは、給料のうち基本給が上がることだ。**賃上げには、定期昇給（定昇）とベアの2種類**があるんだ。

吉田：ベア？　シン・阿部教頭は熊なんですか。

アカツキ：阿部教頭のことは忘れろ。ベアは熊じゃなくて、ベースアップの略だ。定昇は年齢や働いた年数に応じて基本給が上がるしくみだ。一方、ベアは基本給の水準そのものを一斉に引き上げて、賃金体系を底上げすることだ。

吉田：給料が上がるならどっちでもいいんじゃないですか。

アカツキ：それは違う。賃上げが必要なのは主に物価高に対応するためだが、定昇では働き手全体に支払われる基本給の水準は変わらないから、物価上昇による賃金の目減りを補ったこ

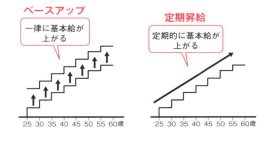

■ **ベースアップと定期昇給のイメージ**

とにならないんだ。物価が上がっているのに給料が上がらないと、実質的に給料が目減りしてしまうからな。そして、物価高への対応で重要なのがベアなんだ。

吉田：なるほど。で、春闘の結果はどうだったんですか。

アカツキ：物価上昇が激しかった1974年には、賃上げ率が33％近くになったこともある。春闘の効果はあったといえるだろう。

吉田：毎年給料が3割も上がったらウハウハですね。

アカツキ：ただ、日本は1990年代半ばから物価が下がるデフレになった。賃上

げは物価高に対応するためという側面が大きいだけに、**2000年以降の賃上げ率は2％前後で推移**してきたんだ。

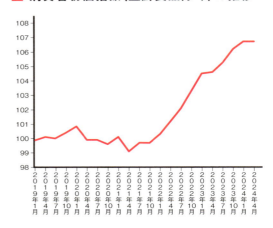

■ 消費者物価指数（生鮮食品除く）の推移

吉田：でも、最近は物価がめちゃくちゃ上がってるじゃないですか。

アカツキ：そうだな。総務省が公表する消費者物価指数は2021年9月から上昇に転じている。値動きの大きい生鮮食品を除く消費者物価指数は、2022年12月と23年1月に前年同月比4％台の上昇に。1981年の第2次オイルショック以来41年ぶりという高い水準になった。

吉田：じゃあ当然、賃上げ率もすごかったんですよね。

アカツキ：労働組合をまとめる連合の集計によると、**2024年の春闘は歴史的な物価高を背景に、賃上げ率は5.10％と33年ぶりの高い水準**になった。ただ、この賃上げ率も物価高には追いついていないんだ。**物価の影響を考慮した実質賃金は2024年6月に27カ月ぶりにプラス**になったが、一時的とみられている。今後は、賃上げによって実質賃金を継続的にプラスにできるかどうかが焦点になる。

吉田：なんで物価が上がっているのに、企業は給料をちゃんと上げてくれないんですか。社長さんってケチばっかりなんですか。

アカツキ：一つの理由は、**多くの日本企業が、物価が下がり続けるデフレに苦**

しんできたことだ。デフレの時代は値下げ競争が激しく、企業は何とか利益を得るため成長のための投資を見送り、原材料費や人件費を抑えて耐え忍んできた。**長く続いたデフレのせいで、日本企業の体力が落ちてしまっているんだ**。

吉田：でも、円安で輸出が絶好調っていうニュースも見ましたよ。儲かっているのに給料を上げてくれないなんて、やっぱりケチじゃないですか。

アカツキ：確かに輸出企業などは業績が好調だが、儲かったお金を何に使うかは、経営者の判断だ。もちろん我々労働者としてはできるだけ賃上げに回してほしいが、経営者としては工場を建て替えるなど成長への投資にも回したいし、いざというときのために手元にも残しておきたいし、株主にも配当という形で還元しなければならない。賃上げ率が低いからといってすぐに会社を辞める労働者は少ないから、賃上げはどうしても後回しにされてしまう傾向があるんだ。

吉田：工場を建てるのはまだわかりますけど、なんで株主にお金を出さなきゃいけないんですか。

アカツキ：株式会社は世界中の投資家に株を買ってもらうことで、事業のためのお金を集めている。株主への配当はいわばそのお礼だから、配当をおろそかにすると投資家が離れていってしまう。一企業の問題ではなく、「日本の企業は配当が少ない」と思われたら世界の投資家が日本市場から離れてしまいかねない。

吉田：なんだか納得いかないなぁ。世界のって言いますけど、日本以外でも賃上げ率は抑えられてるんですか。

アカツキ：残念ながら、**日本に比べると海外の方が賃上げ率は大きい**。この30年ほどで、日本の給料は1.05倍にしかならなかったのに対し、欧米

の主要国は1.3〜1.5倍ほどに増えている。

■ 1人あたり雇用者報酬（USドル換算）

※OECD.stat

吉田：ほら、やっぱり日本の社長さんたちがケチなんじゃないですか。ぼく、記者会見に行って「やーい、ケチンボ！」って言ってやりますよ。

アカツキ：頼むからやめてくれ。

さっきも説明したように、日本はデフレが続いてきたことが大きい。加えて、**非正規雇用の人が増えたことや、賃金水準が比較的高かった製造業で働く人が減るなど産業構造が変わりつつあることも、伸び悩みの一因**と考えられているんだ。

吉田：やたら社長さんたちの肩を持つなぁ。あっ、さては先輩、社長のイスを狙ってますね？　ダメですよ、ぼくが先ですからね。

アカツキ：吉田が社長？　まずはあのこぢんまりとした秘密結社のトップを取ってから言え。

レオナルド博士の用語解説

• ベア

賃金の底上げを意味する「ベースアップ」の略。ベアと聞いて俺のことを連想したやつ、出てこい！　俺は熊じゃねー!!

賃金表に応じて毎年給料が上がる**「定期昇給（定昇）」に対して、会社の賃金表そのものを書き換え、全体の賃金水準を上げること**をいう。会社側からみると、ベアで増やした人件費は今後もずっと負担し続ける必要があるから、やりたくないのが本音。業績がよかった分はその年限りで支給する「一時金」という形で労働者に還元したいのが企業側の立場だ。当然、労働者側は今年限りより来年以降の給料も底上げされた方がうれしいから、「ベアか一時金か」という論争は春闘で最大のテーマともいえる。ただ、近年はベアという考え方そのものが揺らいでいる。ベアの前提である定昇制度は「正社

本名：レオナルド・ディカ・ヴィンチ
年齢：40歳
出身：アメリカ合衆国テキサス州
職業：マッドサイエンティスト
好きな食べ物：生肉

員・終身雇用」という旧来型の雇用形態を前提にしている面が大きく、非正規雇用で働く人々は蚊帳の外に置かれていると指摘されることが多い。短い期間で会社を移る人にとっては一時金の方がうれしい側面もあり、「企業は一時金を、労働者はベアを求める」という構図はもう古くさいのかもしれねえな。

・ジョブ型雇用

特定の仕事について、会社が必要なときに必要な人を雇う雇用形態をいう。欧米では主流となっており、同じ仕事をしている限り賃金は大きく変わらない。社内にその仕事がなくなれば解雇されてしまうが、年齢が若くても高度なジョブに就けば高い賃金を得られる面もある。労働者は自らの努力でスキルを身につけ、それを会社に高く買わせることで賃金を上げていくことになる。

一方、一括採用した新卒社員を育成し、定昇によって賃金を上げていく日本型の雇用は**メンバーシップ型雇用**と呼ばれ、世界的に見ると珍しい。あくまでベアを目指す春闘が日本でしか見られない理由も、ここにある。メンバーシップ型が「（社内の）人に仕事を当てはめる」のに対し、**ジョブ型は「仕事に（社外の）人を当てはめる」やり方**といわれる。近年、資生堂、三菱ケミカルグループ、KDDI、富士通、日立製作所などが職務に応じた賃金を支払うジョブ型の人事制度を導入しているが、これらの企業も新卒一括採用によるメンバーシップ型雇用がベースとなっている。子育て中の親、高齢者、障害者など、より多様な人材を適材適所で柔軟に登用するためには、人事制度をさらに見直していく必要がある。

俺は秘密結社鷹の爪で博士しかやらねぇって

■ メンバーシップ型雇用とジョブ型雇用

メンバーシップ型		ジョブ型
総合的で限定されない	**仕事内容**	限定的で専門的
勤続年数が影響	**賃金**	市場価値で決まる
新卒一括採用	**主な採用法**	経験者採用
不当な解雇はダメ	**解雇**	能力不足で解雇
低い	**人材の流動性**	高い

ことは、ジョブ型採用なんだな。たぶん。日本じゃ最先端だけど、給料出てないからそもそも雇用と言えるのか？

• 価格転嫁

企業が原材料やエネルギーの値上がり分を、商品やサービスの価格に反映させること。賃上げには不可欠だが、賃上げが伴わなければ消費者の生活を圧迫する要因になってしまう。最終商品への価格転嫁以上に難しいのが、中小企業が大手に対して価格転嫁すること。原材料などの高騰が続く中、中小企業は大手に比べて取引上の立場が弱く、価格を転嫁しにくいとされる。

日本商工会議所が2023年10月に公表した調査では、4割以上の価格転嫁ができたという企業は55.3％にとどまった。特にサービス業では、33.8％と、他の業種に比べて、価格転嫁が進んでいない実態が浮き彫りとなった。

公正取引委員会は2023年11月、取引で強い立場に立つ発注側の企業が協議に応じず、価格を据え置く行為などは、独占禁止法が禁じる**「優越的地位の乱用」**に当たり、下請法にも抵触するおそれがあると明記した指針を公表し、「下請けいじめ」撲滅に動き出した。

よし、ここは一つ俺が「下請けに優しくしたくなるビーム」を発明してやろうか。

• 消費者物価指数

総務省が毎月20日前後に公表する統計調査で、全国の世帯が購入するモノやサービス計582品目の平均的な価格の変化を測定したもの。**英語でCPI（Consumer Price Index）**という。

2020年を100とした値で表す。すべての品目の値動きを示す「総合指数」に対し、**生鮮食品をのぞいた値を「コア指数」**と呼ぶ。日本銀行の物価上昇率の目標は、コア指数の前年同月比伸び率を使う。2023年6月の総合指数は105.2で前年同月より3.3%上昇し、伸び率で米国を約8年ぶりに上回った。

物価が上がるのは日本経済にとって悪いことじゃないみたいだが、モノの値段が上がってうれしいという感覚には、俺はなれねぇ。

24　歪むふるさと納税

ふるさとへの愛を訴える正直者が
馬鹿をみるなんて許せません！

吉田：先輩、この世には「ふるさとＮＯ！税！」っていう制度があるって聞いたんですけど本当ですか。ぼくのようにふるさとを愛している人間には、税金がかからないとか。

アカツキ：「ＮＯ！税！」じゃなくて「納税」だ。ふるさと納税は自分の生まれ故郷に限らず好きな自治体に寄付をすると、寄付額のうち2000円を超える金額のぶん、翌年の住民税や所得税を払わなくてすむ。2008年に始まった制度で、実質的には今住んでいる自治体ではなく、ふるさとなど別の自治体に納税するのに近いからそう呼ばれている。

吉田：なんだ、愛があっても税金がかからないわけじゃないんですね。がっかりです。

アカツキ：興味を無くすのはまだ早いぞ。ふるさと納税をすると、その自治体の特産品などの返礼品がもらえる。返礼品を目当てに制度を使う人も多くて、**2023年度の寄付額は1兆1175億円**で、初めて1兆円を超

245

吉田：1兆円！ そんなに人気がある返礼品ってどんなものなんですか。

アカツキ：人気が高いのは桃やぶどうなどの果物、ホタテやうなぎといった水産物、牛肉、精米などだ。寄付額によってもらえる品物は変わるが、払った金額の分、翌年払わなければいけない税金が減るから、実質的に2000円の負担でこれらの返礼品がもらえることになる。

吉田：果物！うなぎ！牛肉！どれもぼくの大好物ばかりです。今まで知らなかったなんて、自分で自分を叱ってやりたいです。

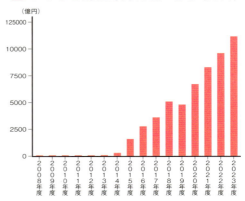

■ ふるさと納税寄付総額の推移（億円）

※総務省調べ

■ ふるさと納税をめぐる主な動き

2008年	制度がスタート
2015年	税控除が受けられる上限額を2倍に引き上げ 確定申告を省略できる「ワンストップ特例制度」を創設
2016年	国が商品券や貴金属などを返礼品にしないよう要請
2017年	返礼品を寄付額の3割以下とするよう要請
2018年	返礼品を原則として地場産品とするよう要請
2019年	改正地方税が成立、対象自治体の「指定制度」を導入。返礼品は地場産品のみ、調達費は寄付額の3割以下、経費総額は5割以下の基準を定める
2020年	基準違反で高知県奈半利町を対象から除外
2022年	基準違反で宮崎県都農町、兵庫県洲本市を対象から除外
2023年	10月から経費の算定ルールを厳しくし、地場産品の基準も見直し

アカツキ：かなり昔にどこかで聞いたようなせりふだな。ただな、ふるさと納税制度は様々な問題点が指摘されてきた。もともとは「生まれ育ったふるさとに貢献できる制度」「自分の意思で応援したい自治体を選ぶことができる制度」として始まったが、実際には**返礼品を選ぶだけの**

「官製通販」のようになってしまった。自治体はたくさんの寄付金を集めて財政を豊かにしたいから、魅力的な返礼品をそろえようとする。2010年代後半には返礼品がどんどん豪華になり、自分の自治体とは関係が薄い食材や家電などの商品、さらには商品券や貴金属などを用意する自治体まで現れた。制度を所管する総務省は、2016年からは商品券などを返礼品にしないように要請し、2017年からは**返礼品を寄付額の3割以下に抑えるよう自治体に求めた**んだ。

吉田：ちょっと待ってくださいよ。返礼品が豪華だとなぜダメなんですか。利用する人にとってはうれしいじゃないですか。

アカツキ：利用者が商品の豪華さで寄付先を選ぶようになると、制度本来の趣旨に沿ってまじめに地元の特産品を用意している自治体に寄付が集まらなくなってしまう。そのまじめな自治体に住んでいる人が他の自治体に寄付をしてしまう場合もあるわけだから、返礼品の品ぞろえだけで自治体の収入に格差がついてしまう。いわば「正直者が馬鹿をみる」といった状態になってしまうんだ。

吉田：確かに、おいしい和牛とか高級フルーツとかを用意した町ばかりが得をして、自分が住んでいる町や自分のふるさとが損をするのは、ちょっと腹が立ちます。

アカツキ：しかも、自治体が高額な返礼品を用意すると、我々がせっかく払った寄付金の多くがその返礼品の調達費に使われてしまうことになる。「自治体を応援する」という本来の趣旨から外れてしまうんだ。これを問題視した**総務省は2019年に法律を改正し、返礼品は地場産に限ること、その調達費は寄付額の3割以下に抑えること、宣伝費や送料などを含めた経費の総額も寄付額の5割以下にすること**、といっ

たルールを定めた。経費率を5割以下に制限したのは、「寄付金の半分以上は地域のために活用されるべきだ」という考え方だ。

吉田：なるほど、これでかなりふるさと納税本来の形に近づいた気がします。総務省、ちゃんと仕事してるじゃないですか。

アカツキ：ところが2023年4月、この **「5割ルール」の趣旨が骨抜きになっていた** ことが朝日新聞の取材で明らかになった。うなぎや牛肉の返礼品が人気だった宮崎県都農町で、経費率が64％に達していたことがわかったんだ。町は総務省に対し、2021年度の経費率を「49％」と報告していたが、実際にはふるさと納税の業務を委託していた業者に対し、寄付額109億円の64％にあたる約70億円を支払っていた。町は取材に対し、実際の経費率は55％だと説明したが、いずれにしても5割を超えていた。

吉田：なんでそんなに差があるんですか。町が総務省にウソをついていたってことですか。

アカツキ：町は49％と55％との差について、6％は「ふるさと納税の募集に要した経費」ではなく、「寄付後の手続きなどの経費」なので問題ないと説明した。総務省が2021年度の寄付額上位だった20自治体に対し、総務省に報告している以外の経費と使い道を聞いたところ、未報告の経費を含むと経費率が5割を超える自治体が13もあったんだ。

吉田：20のうち13も！　せっかくのルールが実質的には全然守られてなかったってことですね。ルールが変わったあとも正直者が馬鹿をみてたなんて、許せません。

アカツキ：総務省は2023年6月、「寄付後の経費なども含めて経費率5割以下」とするルールの厳格化を発表した。返礼品として認める地場産品の

基準も明確にし、製造や加工の主な部分を自治体内で行うことを前提とした。

吉田：おいしい返礼品も欲しいからちょっと複雑ですけど、これでふるさと納税も本来あるべき姿に戻っていきそうですね……あれ？　なんでそんな苦虫をかみつぶしたような顔をしてるんですか。

アカツキ：ふるさと納税が集中する年末に、またとんでもないことが起きたんだ。今度の舞台は、ふるさと納税を仲介するサイトだ。2023年末、一部の仲介サイトで５万円以上の寄付をすれば自治体からの返礼品とは別に、寄付金額の３割分のギフトカードがもらえるといったキャンペーンが行われたんだ。

吉田：えーっ。だって、返礼品は寄付金の３割までですよね？　３割のギフトカードが付いたら６割になっちゃうじゃないですか。しかもギフトカードは返礼品に使えないはずです。

アカツキ：吉田の言う通りだが、実は巧妙な抜け道がある。このギフトカードは自治体ではなく仲介サイトの事業者から送られるものだから、「寄付金の３割以下」のルールも「商品券禁止」のルールも関係ない。自

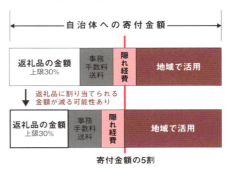

■ 総務省が厳格化した
　ふるさと納税の新ルール
　（2023年10月〜）

経費に含む主な項目
・返礼品の調達費
・返礼品の送料
・広告費用など

新たに追加される主な項目
・サイト事業者の「募集外」経費
・寄付金受領書の発行や送付の経費など

社サイト経由での寄付を増やし、手数料収入を手に入れたい仲介サイト事業者が、高額な「おまけ」で消費者を引き寄せたわけだ。

吉田：客としてはうれしいですけど、「ふるさとを応援する」という趣旨からかけはなれてますね……。

アカツキ：問題はそれだけじゃない。**「景品表示法」**という法律は、商品やサービスの提供時につける景品、いわゆる「おまけ」の価格は商品などの「取引価額」の2割以下と定めている。消費者が景品に惑わされ、不必要な商品やサービスを購入してしまうおそれがあるからだ。「寄付額の3割」という今回のおまけは、景品表示法に違反しているように見える。だがギフトカードを配った冒頭の仲介サイトは、「ふるさと納税は『寄付』なので、景品表示法上の『取引』にそもそも該当しない」という立場だ。

吉田：そんなむちゃな言い訳が通るんですか。

アカツキ：景品表示法を所管する消費者庁は規制対象にもなりうるとの見方だが、いずれにしても国が作ったふるさと納税というしくみが、公然と脱法行為が行われる場になっているのは納得がいかないよな。

吉田：こうなったら、ぼくだけでも、島根への純粋な愛でふるさと納税します！……あっ、今月もう120円しかお金がないんだった。

レオナルド博士の用語解説

• **泉佐野市 vs. 総務省**

「熟成肉」と「精米」について、原材料は同じ都道府県内産に限るとした2023年6月のルール改正。その「直撃」を受け、2品目とも返礼品から外さざるを得なくなったのが大阪府泉佐野市だ。

同市はタオルやタマネギが特産品だが、返礼品競争に勝ち抜くため肉の熟成加工を行う業者を市内に誘致して熟成肉を返礼品に加えてきた。市が2022年度に集めたふるさと納税の寄付金は全国5位となる137億円。うち熟成肉を返礼品とする分は28億円で、全体の2割を占めていた。精米は4.5億円だった。

新ルールに対し、千代松大耕市長は「色々とアイデアを積み重ねて、新しい返礼品を開拓してきた。踏み潰されたようで悔しい」と語る。泉佐野市は、返礼品を充実させる戦略で2017〜2019年度にふるさと納税の寄付金全国1位になった。総務省とたびたび対立して制度から除外され、それを不服

千代松大耕泉佐野市長

総務省の「狙い撃ち」のようなやり方はちょっと大人げないよな。

251

として起こした裁判で総務省に勝訴して制度に復帰した経緯がある。ふるさと納税の趣旨を守るのはもちろん大切だと思うが、制度がある以上、それを最大限活用するのも一つの戦略だ。総務省の「狙い撃ち」のようなやり方はちょっと大人げないよな。

・アマゾンのふるさと納税参入

ふるさと納税の仲介事業に米アマゾンが乗り出した。アマゾンは寄付額の大きい自治体にとって経費を大幅に抑えられる料金プランを用意しており、2023年10月のルール改正で経費を抑えざるを得なくなった多くの自治体が、国内業者が運営する仲介サイトからアマゾンに乗り換える可能性がある。

ふるさと納税仲介サイトの市場規模は約1000億円とされ、今後さらに伸びると予想されている。仲介サイトは**楽天ふるさと納税、さとふる、ふるさとチョイス、ふるなびの「4強」で9割以上のシェア**を占めてきた。多くの会員を持ち、独自の配送網もある「黒船」の来襲で、業界地図が大きく塗り替わる可能性がある。利用者にとって利便性が上がるのは大切だが、地域の役に立つべき寄付金が食い物にされているような感覚になるのは俺だけか？

25 不動産価格高騰の深層

新築マンションの平均が1億円超えって、東京に住めるのは大富豪だけですか!

吉田：あれ、先輩どうしたんですかため息なんかついちゃって。また推しのイケメン俳優が結婚したんですか。

アカツキ：違うわ。今住んでいる賃貸の家が今年更新を迎えるから、分譲マンションを探してるんだが……高すぎるんだ。**東京23区の新築マンションの平均価格が2023年に初めて1億円を超えた**んだが、本当に庶民には手が出せない値段だな。

吉田：ちょっと待ってください、平均で1億円超え？　さすがにウソですよ、それは。

アカツキ：それが本当らしい。マンションの市場動向調査を行っている不動産経済研究所によると、2023年に東京23区で売り出された新築マンションの平均価格は前年より39.4％高い1億1483億円だった。首都圏（この調査では東京、神奈川、埼玉、千葉）全体で見ても平均価格は8101万円だ。近畿圏が4666万円だから、首都圏の高騰が目立つ。も

253

■ 首都圏新築マンションの平均価格は上昇が続く

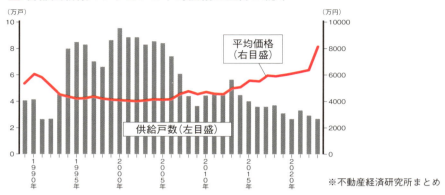

※不動産経済研究所まとめ

ちろん、一部の超高級物件が平均を押し上げた面はあって、三井不動産などが販売する東京都港区の「三田ガーデンヒルズ」は総戸数1002戸で、初回の販売価格は1億500万～45億円だった。ちょっともう、雲の上の話だな。

吉田：45億円！　ぼくのふるさとの島根県が丸ごと買えちゃいそうですね。でも、どうしてそんなに値段が上がってるんですか。

アカツキ：金利が低いからマンションを買おうと考える人が多いのに、売り出される戸数はピーク時の3分の1近くに減っているからだ。2000年前後の10年間は首都圏で年間8万戸程度の新築マンションが供給されていたが、2023年は2万7000戸しか売り出されていない。希少価値が高まっているわけだ。

吉田：なんでそんなに減っちゃったんですか。いっぱい造ればいっぱい売れて儲かるのに。

アカツキ：2000年前後は企業が都心に持っていた遊休地を売り出す動きが進み、これらがマンション用地に使われた。人口が多い「団塊ジュニ

ア世代」が家を買う時期にあたったこともあり、ファミリー向けの大規模で手ごろな価格の物件がどんどん建てられたんだ。**今のマンション価格高騰は、そのような都心の広い土地が少なくなり、業者同士の争奪戦で土地の価格がつり上がった影響も大きい**。

吉田：争奪戦！　確かに、土地がないとマンション建てられないですもんね。

アカツキ：しかも円安などで資材価格が上がり、建設業界で高齢化が進んだことで人手不足も深刻化している。**土地が高い、資材も高い、人件費も高いという三つのコスト高がマンション高騰の大きな原因**だ。

吉田：でも先輩、高い高いといえば、あちこちにめちゃくちゃ背の高いマンションが建ちまくってるじゃないですか。

アカツキ：タワーマンション、略してタワマンだな。マンションを開発する業者はコストが上がっている分、できるだけ高く売れる物件を建てようと考える。その結果、**ターゲットになっているのが夫婦共働きで世帯年収が1千数百万円といった高所得世帯**なんだ。このような夫婦は業界で**「パワーカップル」**と呼ばれていて、駅が近くて利便性が高く、社会的にステータスが高いタワマンを好む傾向が強いそうだ。

吉田：パワーもなくてカップルでもないぼくにはこれっぽっちも縁がない話だなぁ……。でも売り出されるマンションが少なくて、

都心部に林立するタワーマンション＝東京都中央区

255

出てくるのが値段も背も高いタワマンばっかりじゃ、お金持ちじゃない人や高所恐怖症の人はどうしたらいいんですか。

アカツキ：新築マンションに手が出ないとなると、選択肢は二つだろうな。一つは中古マンション。さっき言った通り**マンションは2000年前後にたくさん造られているので、中古物件は豊富にある**。もう一つは、**東京の都心以外の物件を狙うこと**だろう。先ほどの不動産経済研究所の調査でも近畿圏の平均は4000万円台だったし、埼玉県は4870万円、千葉県は4786万円、神奈川県は6069万円と、東京に比べればかなり低い水準になっている。

吉田：やっぱり東京の値上がりが異常なんですね。でもぼく、絵本かなにかで「土地がめちゃくちゃ値上がりして村人たちが浮かれてたけど、突然泡のようにはじけて安くなったとさ」っていう昔話を読んだことがある気がします。ある日を境に、急に安くなったりしないんですかね。

アカツキ：それは昔話じゃなくて、**1980年代後半に起きた「バブル経済」**のことだな。当時、全国の新築マンションの平均価格は1985年の2305万円から、1990年には約2倍の4403万円まで急騰した。都会も地方も軒並み不動産が高騰していたんだ。会社員の悩みも今と同じで、1990年の「サラリーマン川柳」（現『サラっと一句！わたしの川柳コ

ンクール』）には「一戸建　手が出る土地は　熊も出る」という句が入選している。

吉田：うまいですね。島根は熊だけじゃなくカッパも雪男もトリケラトプスも出ますけど。

アカツキ：ところが、1990〜91年に「バブル崩壊」が起きた。不動産価格は急激に下落し、首都圏の平均価格は6123万円から、2002年には4003万円まで下がった。およそ3分の2になってしまったんだ。

吉田：なんでそんなにいきなり安くなったんですか。

アカツキ：当時、銀行は融資先の経営状態や土地の価値などを十分に確かめずに不動産購入の費用をどんどん貸していたんだ。大蔵省（今の財務省）がこれを問題視し、**「総量規制」という制限で融資を急に引き締めた**。その結果、**土地を買うためのお金が世の中に供給されなくなり、値上がりが止まって不動産価格が値崩れした**んだ。

マイナス金利政策の転換を伝える記事

吉田：今回も同じことが起きるんですかね。

アカツキ：現在はそこまで急激な規制は考えにくいものの、日本銀行がずっと続けてきたマイナス金利政策を見直している。「金利が安いから、みんなが不動産を買いたがる」という状況が変わってくる可能性はあ

りそうだ。

吉田：ほら、今買わなくても、ちょっと待てば大安売りが始まるんですよ、きっと。

アカツキ：そういう見方も、違う見方もある。一時は「東京オリンピックが終わったら土地が暴落する」という説がまことしやかに語られていたが、そうはならなかった。専門家の間では、今の不動産価格高騰はバブル経済のころとは違うと主張する人が多い。バブル当時は「この不動産を持っていればもっと値上がりして高く売れるはず」という期待からどんどん値段が上がったのに対し、今は売り出される物件の数が少なく、実際に需要があって値上がりしている面が大きいとされている。

吉田：でも先輩、オリンピックの選手村だったマンションは転売目的で買ってる人が多いってニュースで言ってましたよ。

アカツキ：東京都中央区の「**晴海フラッグ**」のことだな。たしかに値上がりを見込んで転売目的で買う人や法人が多くて、抽選倍率は266倍に達したそうだ。入居が始まっても、実際には誰も住んでいない部屋が大半といわれている。こういう動きが目立ってくるということは、今回のマンション価格高騰もバブルのにおいがしてきているのかもしれないな。

吉田：あっ、社員食堂から味噌ラーメンのにおいがしてきました。まだ10時過ぎだけどお昼ごはん食べてきます。

アカツキ：鼻がきくのは記者向きなんだが、実力を少しでも取材に生かしてくれればな……。

・四つの「土地の値段」

この項を読んで「なんで戸建てじゃなくてマンションの話ばかりなんだ?」と思った人は鋭い。実はちゃんと理由があって、注文住宅の戸建ては建てた人が土地をいくらで買ったのか、そしていくらの建物を建てたのかが公表されないから、統計の取りようがないんだ。

土地は同じものが二つとないオンリーワンの商品だから、<u>値段(実勢価格)</u>は売りたい人と買いたい人の交渉で決まるし、公表されることも少ない。<u>取引の目安となるのが、国や都道府県から発表される「公示地価」「基準地価」「路線価」という三つの地価</u>だ。

公示地価は国土交通省が年1回、1月1日時点の価格を3月に公表している。全国の各地域を代表する2万6000地点について土地鑑定のプロの意見をもとに決めており、近隣の土地の価値を見定める上で最も重視される地価だ。毎年同じ地点の地価を発表するので値段の動きがわかりやすく、毎年春に「日本で一番高い土地は銀座・山野楽器で……」とい

■ 公的機関が発表する「三つの地価」

	公示地価	基準地価	路線価
発表者	国土交通省	都道府県	国税庁
基準日	1月1日時点	7月1日時点	1月1日時点
発売時期	3月	9月	7月

うニュースを目にするのは公示地価が発表されたときだ。

基準地価は都道府県が発表していて、7月1日時点の価格。公示地価と重なる地点も多いので、公示地価を補完し最新の状況を知ることができる。そして路線価は国税庁が発表していて、相続税を課税する際の基準として使われる。公示地価をもとにしており、公示地価の8割程度になる。2024年の公示地価全国平均は3年連続の上昇で、全地点の6割でコロナ禍前の2020年の水準を上回った。一方、吉田が愛する島根県は25年連続で下落した。緑も水もうまいものもいっぱいあって、いい土地なんだけどなぁ。

・AI査定

中古マンションや中古戸建ての価値を知りたいとき、これまでは近隣の公示地価や取引実績などをもとに類推するしかなかった。ところが人工知能（AI）の活用が広がったことで、より正確に価値を知ることができるようになってきた。いわゆる「AI査定」だ。物件の所在地や広さ、築年数、建物の状態といったデータを入力すると、AIが近隣の取引実績などをもとに予想価格を計算してくれる。同じ建物内で売買が起きやすく推計しやすいマンションから広がりはじめ、今では戸建ての査定をしてくれるサイトも現れている。マンションの場合建物名や階数、部屋の面積を入れるだけでかなり詳しい金額を知ることが可能だ。不動産業者に査定を依頼すると個人情報を知られたり、しつこく売却を勧められたりするのが不安という人でも、匿名で不動産の価値を知ることができる。限られた情報をもとに推計するので正確さにはばらつきがあるようだが、「とりあえず自分の家の価値を知っておきたい」とか、「あのマン

ションの部屋が売りに出たらいくらになるのか知りたい」といったとき
には有効だろう。ただ、中にはＡＩ査定を装って詳しい物件情報や個人
情報を聞き出そうとする業者もいるので注意が必要だ。まずはちゃんと
したサイトかどうかを査定してくれるＡＩが欲しいよな。

• 変動金利と固定金利

不動産価格高騰の原因の一つになっているのが、長年にわたる超低金利
だ。ただ、2024年３月に日本銀行がマイナス金利政策の見直しを打ち出
したことで、金利上昇への不安が広がっている。

**住宅ローンの金利には、契約時に決めた金利がずっと適用される「固定
型」と、金利情勢にあわせて金利が変わる「変動型」**がある。金利は
変動型のほうが低く設定されているが、将来金利が上昇する可能性もつ
きまとう。低金利が続いていることもあり、住宅ローン利用者の大半が
変動型を選んでいるが、将来的に金利が上昇する可能性が出てきたこと
で、固定型を選ぶ人が増えるとの見方もある。実際、2024年５月には長
期金利の指標となる新発10年物国債の利回りが1.1%をつけ、日本銀行
が大規模な金融緩和を始める前と同じ、約13年ぶりの高水準となった。
2024年７月に日銀が政策金利を「０～0.1%程度」から「0.25%程度」に
引き上げたのを受け、まず変動型の金利が上昇。一部金融機関では固定
型の金利を引き上げる動きも出ている。ただ、銀行の貸し出しを厳しく
規制する「総量規制」がバブル崩壊を招いた経験もあり、日銀が不動産
市場に悪影響を与えるレベルの利上げに踏み切る可能性は低いという観
測もある。不動産を買う人にとってはかなり差し迫った問題だ。俺には
全く関係ないけどな。

261

26 自動車の型式指定問題
不正しておいて「制度が悪い」って言い方、ぼくはどうかと思います！

吉田：先輩、動物の中で好きな尻ってありますか。たとえばカバなんてどうですか。

アカツキ：なんだその奇想天外な質問は。残念ながら動物の尻にはあまり興味がないが、カバの尻が一体どうした。

吉田：さっきテレビで、「カバ尻師弟」が問題を起こしたっていう話をしてたんです。師弟でカバの尻をどうするつもりなのか想像がつかないので、僕の師匠と言えなくもない先輩に聞いてみようと思いまして。

アカツキ：少しでも私のことを師匠と思ってるなら、100回に1回ぐらいは指示を守ってくれ……。おそらくそれは「カバ尻師弟」じゃなく**「型式指定」**だ。**2022年から2024年にかけて、日本の自動車メーカーの多くで型式指定の認証試験をめぐる不正が見つかった問題**のことだろう。

吉田：で、その師弟は一体どんな悪いことをやったんですか。

アカツキ：型式指定は**自動車メーカーが車を発売する前に性能を国に審査して**

もらい、衝突したときの安全性や燃費などが国の基準を満たしていると認定してもらう制度だ。メーカー自身が車種やエンジンごとにサンプルを使って試験を行い、そのデータを国に提出する。国はそのデータをもとに型式指定を行う。型式指定を受けた車は、同じ車種や同じエンジンならすべて同じ性能を持っているとみなされるので、書類を提出するだけでナンバープレートを交付してもらえる。日本で買える車のほとんどは、この型式指定を受けている。

吉田：その制度で不正があったわけですね。悪いことしたのはカバの尻ですか、それともゾウの尻ですか。

アカツキ：いいかげん尻から離れろ。各社は指定を受ける際にウソのデータを提出していた。過去の例では、悪質なウソと認められた場合のもっとも重い処分は型式指定の取り消しだ。たとえば2022年にはトラック大手の日野自動車がエンジンが排ガスや燃費の性能を偽装していたとして、トラック・バス用のエンジンの型式指定を取り消された。2024年1月には、ダイハツ工業のトラックタイプの商用車3車種が、2024年3月にはフォークリフト最大手の豊田自動織機の産業機械用エンジンが型式指定を取り消された。

吉田：けっこうなペースで相次いだんですね。型式指定が取り消されちゃうと、今その車に乗っている人は乗れなくなっちゃうんですか。

アカツキ：すぐに乗れなくなるということはなくて、車検もその

自動車メーカーが行う衝突実験

■ 自動車の型式指定と取り消しの流れ

ままの状態で受けられる。ただ、試験データがウソだったわけだから、ちゃんと調べると安全性が不十分だったり、壊れやすかったりする可能性はある。もしそういった問題が見つかれば、メーカーの責任で車を回収したり、無償修理したりする「リコール」が行われることになる。中古車の場合、売買や登録に問題はないが、買うのを避けられて市場価値が下がる可能性はある。

吉田：中古車にも影響は出るものの、最大の問題は新車ってことですね。

アカツキ：その通り。型式指定がない車でも、1台ずつ運輸支局に持っていって検査を受けて登録すれば、ナンバープレートを取って乗ることはできる。ただ実際に1台ずつ登録するのはものすごく手間がかかるので、型式指定を取り消された車は生産が完全にストップしてしまう。車の生産が止まるとその車に使われている様々な部品や機器のメーカーも生産を止めざるを得なくなるので、企業や働く人への影響はとても大きい。だからこそ、型式指定取り消しは最も重く、メーカーにとって本来あってはならない処分なんだ。

吉田：「あなた、自動車メーカー失格ですよ！」って言われているようなもんですからね。型式指定を取り消された車は、もう二度と造れないんですか。

アカツキ：メーカーが申請すれば、再び型式指定を取得することはできる。ただ、新たに認証を取得して、生産や出荷ができるようになるには少なくとも数カ月はかかってしまう。

吉田：工場で働いている人や、新車を楽しみにしていた人はたまったもんじゃありませんね……。

アカツキ：吉田、いままでの話は、実はほんの入り口なんだ。本番はここからだ。

吉田：な、なんですって！　カバやゾウの尻にまだ何か起きるって言うんですか。

アカツキ：セクハラを疑われる前に尻から離れた方がいいぞ。さっき話したダイハツ工業の虚偽報告を受けて、国土交通省は

■ 2024年6月に型式指定の不正が確認された車種

一定期間不正があったメーカーが報告した車種。
ヤマハ発動機はいずれも二輪車

トヨタ自動車	カローラフィールダー カローラアクシオ ヤリスクロス クラウン、アイシス、シエンタ、レクサスRX
マツダ	ロードスターRF、マツダ２ アテンザ、アクセラ、マツダ６
ヤマハ発動機	YZF-R1 YZF-R3、TMAX
ホンダ	N-BOX、フリード、ヴェゼル、フィット、ステップワゴンなど22車種
スズキ	アルト

色文字は現行生産車で、出荷停止に

■ 近年発覚した自動車メーカーの主な不正

2016年4月 三菱自動車	軽自動車の燃費性能を偽装
2017年9月 日産自動車 10月 スバル	無資格者が不正に完成検査。排ガスや燃費の測定データ改ざんも
2018年8月 スズキ、 マツダ、 ヤマハ発動機	排ガスや燃費の検査不正。スズキは無資格検査の隠蔽も
2022年3月 日野自動車	排ガスや燃費性能を偽装
2023年3月 豊田自動織機	フォークリフト用エンジンの劣化耐久試験で不正
2023年12月 ダイハツ工業	車両認証試験をめぐり174件の不正
2024年6月 トヨタ自動車 マツダ、 ヤマハ発動機、 ホンダ、スズキ	計38車種で認証不正

自動車メーカー各社に過去10年間に同様の不正がなかったか、自主的に調べて報告するよう求めた。すると**2024年6月、トヨタ自動車、ホンダ、マツダ、スズキ、ヤマハ発動機の5社が、「虚偽報告があった」と報告**したんだ。虚偽報告があったのはトヨタが7車種、マツダが5車種、ホンダが22車種など計38車種で、国交省はこのうち今も生産が続く6車種について基準に適合すると確認されるまで生産を中止するよう指示した。

吉田：有名な自動車メーカーばかりじゃないですか。

アカツキ：特にトヨタは、グループ会社の日野自動車、ダイハツ工業、豊田自動織機で相次いで不正が発覚したことを受け、記者から「トヨタ本体を含めほかに不正がないのか」と聞かれた豊田章男会長が「私が知る限りない」と答えていた。2024年1月のことだ。あくまでグループ会社で起きた不正であり、トヨタ本体は不正とは無縁だという立場を取ってきただけに、消費者の落胆は大きかった。

吉田：僕もトヨタは品質がいいというイメージが強いので、同感です。

アカツキ：トヨタの豊田会長は不正を認めて「認証制度の根底を揺るがすもので、自動車メーカーとして絶対にやってはいけないことだ」と話す一方、「不正って撲滅は無理」「トヨタは完璧な会社じゃない」とも話した。さらに、国の認証制度について「このタイミングで私の口から言えない」と前置きした上で「（制度と実態に）ギャップはある。これをきっかけに何が日本の自動車業界の競争力向上につながるか、制度をどうするのか議論になるといい」とも述べたんだ。

吉田：なんか、「悪いのは制度です。裏ではみんなやってます」って言ってるように聞こえるんですけど。

アカツキ：各社の説明によると、不正の中には本来求められているよりも厳しい条件で試験を行っていたものも含まれる。たとえばトヨタは追突事故を想定した「後面衝突試験」で、本来1100キロの台車を衝突させるところを1800キロの台車を使っていた。1800キロはアメリカの基準だ。

トヨタ自動車本社の立ち入り検査に入る国土交通省の職員ら

吉田：あー、自動車メーカーは世界中で車を売るから、日本だけに向けた試験をするのが面倒だったのかも。ダメなことなんでしょうけど、ちょっとわかります。

アカツキ：各社は「基準より厳しい条件で試験を行っていた。安全性に問題はない」と強調していて、制度に問題があるといわんばかりだ。ただ、たとえばトヨタはエンジンを制御するコンピューターを不正に調整した試験のデータを提出したり、歩行者保護試験で右側のフェンダーでしか試験を行っていないのに同じ結果を左側にも流用したりと、手抜きやつじつま合わせも行っていた。都合のいいところばかり強調するのは、私はフェアじゃないと思う。

吉田：うーん、わからなくなってきました。ルールより厳しい試験をして怒られるのもなんだか納得できないですし。結局、悪いのは制度なんですか。自動車メーカーなんですか。

アカツキ：認証制度は日本だけで決めたものではない。同じ車を様々な国で販売しやすくするため、**「自動車基準調和世界フォーラム」という会議**

■ 自動車基準調和世界フォーラムの組織図

<u>で国際的な基準の統一を進めている</u>。日本の認証制度はタイヤ、シートベルトなど主要43項目で国連基準と同じ。独自の基準はワイパーなど4項目のみだ。世界中が守っているルールがあるのに、「僕らは基準より厳しい試験をやるから」とそれを破っていいことにはならないだろう。もし自動車メーカーが「制度に問題がある」と主張するなら、それは日本の当局じゃなくて国連に向けて言うべきだな。

吉田：国連かぁ。じゃ、先輩が僕を縛っているルールは誰に言えば変えてもらえるんですかね。

アカツキ：変える前に、一度でいいからそのルールを守ってみようとは思わないのか？

・生産停止の影響

ダイハツ工業が認証試験で不正を行い、型式認定を取り消された問題では、国内5工場が生産を停止した。工場で働く人にとっては、突然仕事がなくなることになる。労働基準法は会社の都合で従業員を休業させた場合に平均賃金の60％以上を支払うよう定めているが、働く人の収入減は避けられない。

影響は部品メーカーなど取引先にも及ぶ。ダイハツは直接取引がある423社に対して、売り上げの減少分などを補償するとしたが、民間信用調査機関の帝国データバンクによると、**2次以下の下請けや運送会社などを含めれば約8100社が影響を受けた**とみられる。自動車各社はダイハツの例で、自分たちが犯した不正の影響がいかに大きいかを痛感したはずだ。

・トヨタ「グループ」

日本の自動車メーカーは現在、トヨタ自動車を中心としたグループ、日産自動車と三菱自動車の連合、そしてホンダという3陣営に分かれている。トヨタは100％子会社のダイハツ、50％を出資する日野自動車だけでなく、スバル、マツダ、スズキ、いすゞにも出資して緩やかな協業関係を作っている。

ライバル同士が手を組むのは、急速に進む電動化や自動運転といった次世代技術の開発競争に巨額の資金が必要なためだ。たとえばガソリンエンジン、ディーゼルエンジン、電気自動車（EV）、ハイブリッド、燃

269

料電池といった様々な技術を1社ですべて開発していては、世界のライバルとの競争に勝ち抜けない。それぞれの得意分野を生かして開発を分担したり、優れた技術を他メーカーでも使ったりすることで技術開発を加速できるし、部品やシステムの共通化によるコスト削減も期待できる。国内勢で唯一「陣営」を作らず独自路線を貫いてきたホンダも2024年3月、日産自動車とEVの開発や部品の共通化などで協力していくと発表した。国内メーカーがトヨタ系と日産・ホンダ系の2陣営に集約されていくきっかけになるのか、注目が集まっている。かつてのライバル関係を乗り越えて協力し合うのは大切なことだ。俺たち鷹の爪団も、あのショッカーと協力して同じ陣営になったほうが……うそうそ、ただの冗談だからな。

・電機メーカーと自動車業界

■ トヨタが出資する自動車メーカー

昔も今も世界の主要プレーヤーであり続けている自動車メーカーに対して、やや苦戦が目立つのが日本の電機メーカーだ。電機各社はこれまで車載機器や自動車部品を成長事業と見込み、積極的な投資を続けてきたが、ここに来て「自動車離れ」の動きを加速している。急速に進化する車の電動化の技術開発にはさらに

多額の投資が必要で、デジタル事業など利益率の高い事業へのシフトを強める電機メーカーにはその余力が乏しいことが背景にある。

三菱電機は2024年5月、トヨタ自動車系の自動車部品大手アイシンと合弁会社を立ち上げると発表した。三菱電機にとって自動車機器は売上高全体の2割近くを占める「屋台骨」だったが、電動化など車の次世代技術の波が押し寄せるなか、数百億円規模の赤字が続いていた。

2024年3月には、パナソニックホールディングスが自動車部品を手がける子会社「パナソニックオートモーティブシステムズ」の株式の80％を米投資ファンドに売却することで合意した。同事業はＥＴＣ車載器やオーディオ関連など売上高1兆円を超える。家電事業に代わる収益源として期待されてきたが、近年は開発費が増加する半面、ＥＶ向けの部品が不振で赤字体質から抜け出せずにいた。

日立製作所も2023年、ホンダなどと合弁の自動車部品会社「日立アステモ」への出資比率を66.6％から40.0％に引き下げた。こちらも「研究開発の投資先としての優先順位が低い」（広報）としている。

空前の利益をたたき出してこの世の春を謳歌している自動車メーカーと、波に乗りきれない電機メーカー。スマホも

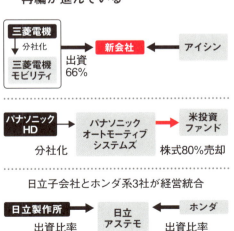

■ 電機大手の自動車関連事業は再編が進んでいる

掃除機も空気清浄機も海外メーカーが人気だけど、もうちょっと日本メーカーの家電を買って応援しようぜ。

27 リニア中央新幹線
我が島根にもリニア新幹線がやってくるっていううわさ、本当ですか！

吉田：先輩、大変です！　東京の地下鉄を、あのリニアモーターカーが走ってるらしいんです。ものすごいスピードで駅に止まれないんじゃないかと心配ですけど、すぐに乗りに行きましょう。

アカツキ：今さら何を言ってるんだ。1991年から走っている都営地下鉄大江戸線のことだろう。たしか吉田も通勤に使ってたんじゃないか。

吉田：今朝も乗ったあの電車が？　だってふわっと浮かばないし、先っちょがシュッととんがってもいないし、猛スピードでぶっ飛ばしもしないですよ。

アカツキ：大江戸線や大阪の長堀鶴見緑地線、福岡市地下鉄七隈線など全国の地下鉄を走っているのは「鉄輪式リニアモーターカー」と呼ばれる列車で、車輪で動く。吉田も、おもちゃなどに使われている円筒形のモーターは見たことがあるだろう？　あの筒を切り開いてまっすぐに伸ばして、磁石を線路に敷いたと思えばいい。列車側に電磁石が取

り付けてあって、普通のモーターが回転する力を生むのと同じしくみで走らせているんだ。リニアは、英語で「直線の」という意味だ。

■ リニア新幹線のしくみ

吉田：リニアって「浮かぶ」とか「速い」とかいう意味だと思ってました。島根でチーターが走ってるのを見て「ヒュー！　リニア！」って声かけてたの、間違ってたんですね。

アカツキ：島根の生態系には謎が多すぎるな。吉田が言ってるのは、**品川駅と名古屋駅の間で建設中のリニア中央新幹線**だ。あ

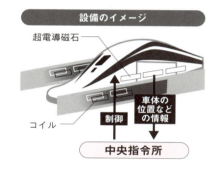

ちらは**「超電導磁気浮上式」**と呼ばれていて、確かに浮かぶし、最高時速は500キロで東海道新幹線より200キロも速い。

吉田：地下鉄と何が違うんですか。

アカツキ：地下鉄のリニアは磁力で電車を引っ張るだけだが、浮上式は磁力で車体そのものを浮かび上がらせる点が大きく違う。磁石があるのは地面や車体の底面ではなく、車体の両サイドと、「ガイドウェイ」と呼ばれる軌道の側壁だ。車体と側壁が引き合ったり反発したりする力を組み合わせて、車体を浮かせ、前進させる。大きく重い車体を浮かび上がらせるためには強力な磁力が必要なので、**車体の電磁石**

274　第4章【くらしと社会の経済】　27. リニア中央新幹線

は液体ヘリウムでマイナス269度まで冷やされ、電気抵抗ゼロの「超電導状態」になっている。この強力な磁石が車体を10センチも浮上させるんだ。

吉田：10センチ「も」って言いますけど、それが大きいのか小さいのかわかりません。

アカツキ：先に開業している中国の上海リニアも浮上式だが、通常の電磁石を使っていて1センチしか浮かない。日本のリニアが超電導というすごい技術を使ってまで10センチ浮かべるのにこだわったのは、地震が多い日本で安全を保つためだ。

吉田：10倍も！　たしかに隙間が少ないと地震のとき危ないですもんね。でも、なんで浮くと速く走れるんですかね。

アカツキ：列車が速く走るのを妨げている大きな要因は、**空気抵抗**だ。列車が時速300キロを超えると空気抵抗が大きくなり、車輪が空転してしまう。浮かんでしまえばこの問題がなくなる上、地面との摩擦もゼロ。小さな力ですごいスピードが出せる。リニアの場合、ゆっくり動くときは車体の下についたタイヤで走り、時速150キロくらいになると浮

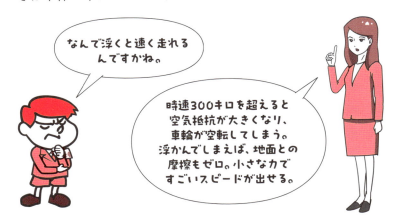

かび上がって走る。

吉田：地面に全くくっついてないってことは、ほとんど飛行機ですよね。でも、そんなすごい技術を使ったらめちゃくちゃお金がかかるんじゃないですか。

リニア実験線を走行する実験用車両01系

アカツキ：建設費用は品川と名古屋の間で5.5兆円、大阪までだとおよそ9兆円かかると見込まれている。実はこの工事費用は税金ではなくて、ＪＲ東海が原則として自分で負担するんだ。

吉田：えーっ！　新幹線っていうから、当然ぼくたちの税金で造ってるんだと思っていました。

アカツキ：たしかに、2024年に福井・敦賀まで開業した北陸新幹線や、2028年に札幌までの延伸を予定している北海道新幹線などは国、自治体、鉄道会社が費用を分担して造っている。**原則として税金を投入しないリニア中央新幹線は異例**だ。

吉田：なんでリニアだけは鉄道会社が費用を出すんですか。

アカツキ：今のＪＲ東海は売上高の7割を東海道新幹線に頼っている。ただ、年末年始など利用者が多い時期は輸送力が限界に達しているし、設備の老朽化も進んでいる。それに、東海道新幹線が走っている場所は南海トラフ地震で大きな被害を受ける可能性もある。東京－大阪間の輸送力に余裕を持たせるとともに、東海道新幹線に「もしも」の事態が起きるのに備えてリニア中央新幹線を造りたいというのは、ＪＲ東海にとって悲願だったんだ。

吉田：そりゃ、7割を稼ぐ東海道新幹線にもし何かあったらやっていけませんもんね。

アカツキ：ところが、国はリニア中央新幹線の建設をなかなか認めなかった。東京－大阪間にはすでに東海道新幹線があるから、同じ区間にもう1本新幹線を造るよりは、まだ新幹線がない他の地方からの「先にこっちに新幹線を造ってほしい」という声に配慮してきたんだ。しびれを切らしたJR東海は2007年、ついに自己資金でリニア中央新幹線を造る方針を打ち出し、国も「それならば」と建設にゴーサインを出した。

■ リニア中央新幹線のルート（駅名は仮称）

吉田：地方の人たちの言うこともわかります。島根にも「山陰新幹線」っていう計画があって、リニアが通るといううわさもあるんですよ。で、リニア中央新幹線はいつ完成するんですか。

アカツキ：2027年の完成を目指して、2014年に工事が始まった。**都市部では用地を買収するのにかかる時間とお金を節約するために地下40メートル超の「大深度地下」を走り、東京、神奈川、山梨、静岡、長野、岐阜、愛知の各都県を通る**。海沿いを走る東海道新幹線とは違い、東京―名古屋間の286キロのうち約86％はトンネルか地下だ。完成すれば、東京の品川と名古屋の間が最速40分で結ばれ、新幹線より1時間ほ

ど短縮される。その後は2037年までに大阪まで延ばす計画になっていて、完成すると東京－大阪間が67分で結ばれることになる。

吉田：あれ？　でも確か、静岡でいろいろもめていて、工事が遅れてるって聞いた気がします。

アカツキ：静岡県は、リニアのトンネル掘削で地下水が流れ出し、大井川の水資源や南アルプスの生態系に影響が出る可能性があるとして、県内での工事を認めてこなかった。ＪＲ東海は2024年3月、静岡県内の着工が遅れたことで品川－名古屋間の2027年開業を断念すると表明して、開業の見通しを「2034年以降」に延期した。

吉田：あっ、ぼく知ってます。工事に反対していた前の静岡県知事が辞めて、新しい知事が選ばれたんですよね。

アカツキ：その通りだ。新しい鈴木康友知事は水資源の保護や環境対策を進めることを条件に、リニアを推進する立場を訴えて当選した。知事選で県民の「民意」が示されたことで、ストップしていた計画が動き出す可能性がある。鈴木知事はＪＲ東海に対し、静岡空港付近に東海道新幹線の新駅を造ることを提案していて、ＪＲ東海も検討し始めた。実は、リニアが通る各都県の中で静岡県だけは駅がなく、リニアから受けるメリットが小さい。東海道新幹線の新駅はその点への配慮という面もある。

吉田：リニアの駅はなくても東海道新幹線の新駅ができるなら、静岡の人たちも少しはリニアに賛成しやすくなって計画が進むかもしれませんね。

アカツキ：ただ、静岡県知事選と同時期に、**リニアのトンネル工事現場に近い岐阜県瑞浪市で井戸やため池の水位が低下していることがわかり、**

工事が中止された。静岡の人たちが感じていた不安が別の場所で現実になった形だ。 ＪＲ東海は今後も地元の人たちの不安を取り除けるよう、慎重な対応を求められることになる。

吉田：僕も島根にリニアが来たらうれしいですけど、トリケラトプスやチーターたちが暮らす豊かな自然が失われるのは絶対にイヤです。

アカツキ：島根の自然がいつまでも守られるよう、私も祈ってるぞ。

レオナルド博士の用語解説

・今すぐ乗れるリニア

車輪で走り、推進力にだけリニアモーターを使う**鉄輪式リニアモーターカー**は車両に大きなモーターを積む必要がないため、車両を従来より小型化できる。トンネルが細くて済むため全国の地下鉄で使われている。2024年7月現在で運行されているのは、大阪メトロ長堀鶴見緑地線、都営地下鉄大江戸線、神戸市営地下鉄海岸線、福岡市地下鉄七隈線、大阪メトロ今里筋線、横浜市営地下鉄グリーンライン、仙台市地下鉄東西線の7路線だ。

一方、名古屋市郊外を走る「リニモ」（愛知高速交通東部丘陵線）はリニア中央新幹線と同様、浮かんで走る「磁気浮上式」。2005年に愛知万博に合わせてお披露目された。ただ技術的にはＪＲ東海のリニア新幹線とは違い、旧西ドイツの技術をもとに日本航空などが研究してきたＨＳＳＴという方式だ。ちなみに、現在世界最速の時速430キロで営業運転する上海リニアにもドイツの技術が使われている。浮上式ではドイツの技術に先行されてしまっているが、リニア中央新幹線の開業で、「日本の技術ここにあり」って海外に胸を張れる日が待ち遠しいなぁ。

・リニアの歴史

リニアモーターカーの研究が動き出したのは1962年。東海道新幹線が開通する2年前だ。東京・国立にあった国鉄の鉄道技術研究所（鉄道技研）で、車体を浮かせて走る浮上式鉄道の研究が始まった。当初は空気圧で車体を浮かせる方法と電磁石で浮上・推進するリニアモーターの両方が

検討されていた。

1966年、米国の科学者が金属を超低温にして電気を流すと強力な磁力を発生させられる「超電導磁石」の論文を発表、国鉄はこの技術にかけた。1970年の大阪万博では国鉄が出展したリニアの模型が話題になり、1972年3月には超電導による車体の浮上実験に成功し

■ リニア開発の歴史

1962年	リニアの研究開発スタート
1972年	初の浮上走行に成功
1979年	宮崎実験線で時速517kmを達成
1982年	有人走行実験開始
1996年	山梨実験センター開設
2003年	有人走行で時速581kmを達成
2014年	リニアの工事認可
2027年	品川(東京)-名古屋間で開業予定

た。同年10月には、国立の研究所で4人乗りの実験機による浮上走行を一般公開した。約480メートルのレールの上を卵形の車両が最高時速60キロで走行した。

1977年には宮崎県に実験センターが完成。1979年12月、鉄道の世界最速記録となる時速517キロを達成した。1987年の国鉄分割・民営化後、リニア開発は鉄道総合技術研究所(鉄道総研)とJR東海に移管。1990年5月には実験機が走行中に側壁に衝突する事故が起きた。原因は、温度上昇で超電導状態が保てなくなる「クエンチ現象」だった。

1996年からは開発の舞台がトンネルなども備えた山梨実験センター(山梨県都留市)に。1997年12月24日、小型化した上でクエンチを克服した実験機は世界記録を更新する時速550キロを達成。2013年からは営業線仕様の実験用車両LO系が使われ、先頭車の形状で空気抵抗などを改良した改良型も登場している。

・整備新幹線と「昭和48年組」

新幹線の計画には、「**整備計画**」と「**基本計画**」の2種類がある。国が実際に建設を進めるのは「整備計画」が策定された路線で、「基本計画」はその前段階にあたる。

1973年、田中角栄首相が掲げた「日本列島改造論」に基づき、北海道新幹線、東北新幹線（盛岡－青森）、北陸新幹線、九州新幹線鹿児島ルート、九州新幹線長崎ルートの5路線の整備計画が決まった。「整備新幹線」とも呼ばれるこの5路線はその後、順次建設が進んできた。

■ 新幹線の整備計画と基本計画

整備新幹線をめぐる動き

1970年5月	**全国新幹線鉄道整備法成立**
1971年1月～72年12月	北海道、東北、北陸、九州（長崎ルート、鹿児島ルート）の基本計画決定
1973年11月	北海道、東北、北陸、九州（長崎ルート、鹿児島ルート）の整備計画決定
1997年10月	北陸新幹線（長野－高崎）開業
2002年12月	東北新幹線（盛岡－八戸）開業
2004年3月	九州新幹線鹿児島ルート（新八代－鹿児島中央）開業
2010年12月	東北新幹線（八戸－新青森）開業
2011年3月	九州新幹線鹿児島ルート（博多－新八代）開業
2011年5月	**リニア中央新幹線が整備計画に**
2015年3月	北陸新幹線（長野－金沢）開業
2016年3月	北海道新幹線（新青森－新函館北斗）開業
2017年3月	**整備計画5路線の全ルートが出そろう**

**基本計画を
めぐる動き**

基本計画決定（1973年）
北海道南回り、
羽越、奥羽、中央、
北陸・中京、山陰、
中国横断、四国、
四国横断、東九州、
九州横断

**現在も足踏みが
続く**

それとは対照的に、「基本計画」の路線は足踏みが続く。同じ1973年、中央、四国、山陰、東九州など11路線の「基本計画」が決まったが、その後「整備計画」に格上げされたのはＪＲ東海が自費での建設を表明した中央新幹線だけ。50年以上も基本計画どまりの10路線を、この年にちなんで「**昭和48年組**」と呼ぶ関係者もいる。地元自治体などが整備計画への格上げを目指して声をあげているが、予算の壁もあり目立った動きはないまだ。

吉田が待ち望んでいる山陰新幹線は、山陽新幹線の迂回路としてリニアで建設する案も本当にあるそうだ。実現するには、俺たち鷹の爪団が自費で建設するしかないのかも。そろそろ、本気で金を稼ぐための発明に全力投球してやるかな。

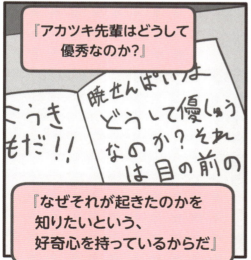

終わり!

数字・アルファベット

1.5 度目標	218
2024 年問題	140
AI 査定	260
AI 法	232
BEV	111
COP21	219
COP26	219
DMA	101
e - fuel（イーフューエル）	111
ESG 投資	178
EV	106
GAFA(ガーファ)	103
GDP （国内総生産）	180
H3	123
HTV −X	123
iDeCo	52
MMT （現代貨幣理論）	40
NISA	52
Sakana （サカナ）AI	234
SDG s	171
SLIM	122
TOPIX （東証株価指数）	47
TSMC	115
UA ゼンセン	166

あ

新しい資本主義	60
アミロイドβ	134
アルツハイマー病	133
アルテミス計画	126
育成就労	77
異次元の金融緩和	28
異次元の少子化対策	66
イベントアトリビューション	213
インバウンド	24
インフレ	26
失われた 30 年	186
エヌビディア	233
エルピーダメモリ	121
円高	18
円安	18

オーバーツーリズム		24
オープンAI		224
温室効果ガス		219

か

外国為替資金特別会計		42
外国人労働者		74
カイロス		128
価格転嫁		243
かぐや		122
隠れ債務		206
カスハラ		159
株		43
株価		43
株券の電子化		51
カロリーベース		91
為替介入		22
基準地価		259
技人国（「技術・人文知識・国際業務」）		78
規制改革推進会議		158
技能実習生		76
共同富裕		204
金融政策決定会合		32
金利		20
口先介入		22
クリケット		199
グローバルサウス		192
型式指定問題		262
軽度認知障害		138
景品表示法		250
合計特殊出生率		64
公示地価		259
こうのとり		123
国債		34
国際競争力		20
国連自動車基準調和世界フォーラム		267
固定金利		261

さ

時価総額		49
時価総額ランキング		49
資産所得倍増プラン		60

実質 GDP		187
実勢価格		259
自動運転		147
就労ビザ		75
春闘		235
消費者物価指数（CPI）		244
消滅可能性のある自治体		69
昭和 48 年組		282
植物肉		91
食料安全保障		85
食糧供給困難事態対策法		89
食料自給率		85
食料・農業・農村基本法		89
ジョブ型雇用		242
シンギュラリティ		229
人権デューデリジェンス		179
人口減少		63
ジンバブエドル		31
スマホソフトウェア競争促進法		98
生成 AI		232
成長投資枠		54
整備新幹線		282
世界幸福度ランキング		188
総量規制		257
た	ダイナミックプライシング	157
	ダウ工業株平均	47
	地球温暖化	212
	地球沸騰	218
	チャット GPT	224
	中国恒大集団	208
	中国の人口減少	209
	中国の不動産バブル	201
	超電導磁気浮上式	274
	つみたて投資枠	54
	定期昇給（定昇）	237
	鉄輪式リニアモーターカー	280
	デフレ	26
	天下一の廃墟	201
	東京証券取引所	44

投資信託（ファンド）		55

な

日銀総裁	32
日経平均	46
日本語能力試験 (JLPT)	84
日本版ライドシェア	149
認知症治療薬	132

は

バーラト	190
配当	43
バブル崩壊	257
ハラスメント	167
晴海フラッグ	258
パワーカップル	255
ビッグマック指数	23
フェアトレード	179
付加価値	180
物価の番人	28
不動産価格高騰	253
ブラックホール型自治体	70
ふるさと納税	245
ベア（ベースアップ）	241
ペンシルロケット	128
変動金利	261
骨太の方針	41

ま

埋蔵金	41
マイナス金利政策	29
マルチパスウェイ戦略	108
名目 GDP	187
メンバーシップ型雇用	242
モーダルシフト	144

ら

ラピダス	119
リコール	264
リニア中央新幹線	273
レカネマブ	132
路線価	259

参照記事一覧 ※媒体表記がないものは朝日新聞または朝日新聞デジタル

第 1 章

1 円高と円安

「(いちからわかる!)円安のニュース、よく見かけるね」（2022年10月3日）／「(いちからわかる!)円安、進むとどうなる?」（2024年4月26日）／「(連載 超円安時代:1)企業への恩恵か? 逃れられぬ、為替の呪縛」（2024年6月12日）／『グローブ269号＜物価のなぞ＞ビッグマック指数って? 「リアル指数」に見る「安いニッポン」』（2022年12月18日）／『朝日キーワード2025 復活するインバウンド需要』（朝日新聞社）

2 インフレとデフレ

『【そもそも解説】「理想の物価上昇とは」』（2023年1月24日）／『朝日キーワード2025「上田総裁就任と日銀の金融政策」』（朝日新聞社）／「独立の英雄、独裁者に」（2017年11月21日）

3 国債って何?

「普通国債残高、最多1043兆円 1年で38兆円増 昨年末」（2024年2月10日）／『「骨太」焼き直し中心 「成長型の経済」掲げる 閣議決定』（2024年6月22日）／『【そもそも解説】骨太の方針、なぜ「骨太」と呼ぶ?』（2023年6月1日 20時53分）

4 株って何?

「(いちからわかる!)日経平均株価、そもそもどんな指数?」（2024年2月23日）／「経済ナビゲーター 1〜4」（2009年3月31日）

5 NISAとiDeCo

『資産所得倍増、首相かけ声 NISA拡充「眠る預貯金たたき起こす」』（2022年5月7日）／「(くらしとマネー)ゼロからわかる新NISA:上 NISAのメリットは?来年どう変わる?」（2023年12月7日）／「(くらしとマネー)ゼロからわかる新NISA:中 口座開設はどこで?選び方は?」（2023年12月8日）／「(くらしとマネー)ゼロからわかる新NISA:下 数ある投信、違いは?売れ筋は?」（2023年12月9日）

6 深刻な人口減少

『【そもそも解説】「消滅可能性」とは? どうして人口が減っている?』（2024年4月24日）／『744自治体「消滅可能性」 人口戦略会議が新たに公表、全国の4割』（2024年4月24日）／「福岡県の人口、北海道上回り全国8位に 45年には兵庫県抜く推計も」（2024年4月10日）／『(「出生率0.72」の韓国:上) 競争・負担、超少子化の国 「勝ち抜ける子」へ塾はしご…国外に脱出』（2024年2月29日）／「出生75.8万人、過去最少 婚姻数、戦後初50万組割る 23年」（2024年2月28日）／「2070年、1割は外国人に 進む少子化、総人口8700万人 厚労省推計」（2023年4月27日）／「(そもそも?知りたい吉田くん)日本の少子化、深刻なんですね 鷹の爪×朝日新聞」（2023年3月27日 ）

7 外国人労働者の受け入れ

『外国人「育成就労」衆院通過 「技能実習」に代わり 入管法改正案』（2024年5月22日）／『税滞納で永住許可取り消し「不公平」 入管法改正案に不安や失望』（2024年5月21日）／『「移民政策なければ国家消滅」 高学歴化の韓国、工場の人材確保困難』（2024年5月20日）／「特定技能受け入れ2.4倍 5年間で82万人、人手不足で拡大 政府方針」（2024年3月19日）

8 食料安全保障

『「核の冬」最悪なら日本のほぼ全員餓死 核戦争による環境変動の影響試算 米など研究チーム』（2022年12月8日）／『「資源貧国」悪い物価高 ウクライナ侵攻1年、日本経済に打撃』（2023年2月23日）／『食料供給困難事態対策法、衆院で可決 「罰金は厳しい」立憲など反対』（2024年5月23日）／『食料安保強化、改正法が成立 農業の基本法、与野党対立残したまま』（2024年5月30日）／「(けいざい+)植物肉、おいしさの壁:上 妥協なき味、ツナマヨに採用」（2023年7月20日）／『食料安定供給「肥料に下水汚泥を」農水省に首相指示』（2022年9月10日）／「食料自給率、低水準続く 昨年度38% 生産額ベースは最低」（2023年8月8日）

第 2 章

9 巨大IT規制

『アップル、客囲う「独占の堀」』（2024年3月23日）／『（時時刻刻）アプリ開放へ、やっと　事業者の手数料軽減へ、競争促す　巨大IT規制』（2024年4月27日）／『アプリ独占、規制法成立　アップルとグーグル以外に門戸　禁止規定、違反には課徴金』（2024年6月13日）／『（時時刻刻）グーグル、ねじ曲げた提携　圧倒的な技術力、「心臓部」握られたヤフー』（2024年4月23日）

10 どうなるEV

『（フロントライン　経済）EU、エンジン車延命　EV化への不安、独提示の「合成燃料」認める妥協策』（2023年11月5日）／『EU、「2035年に禁止」決定　ガソリン車の新車販売』（2022年10月29日）／『日産、欧州の新型車すべてEVに　2030年までの投入』（2023年9月27日）／『（けいざい＋）トヨタのEV戦略：上　「後ろ向き」返上へ、技術一挙公開』（2023年10月24日）／『EV共同開発を断念　「商品力厳しく」　ホンダ・GM』（2023年10月27日）

11 日の丸半導体、復権？

『（けいざい＋）ラピダス秘録：上　なぜ日本？IBMは突然に』（2024年4月30日）／『半導体の王者、ついにTSMC、工場居所』（2024年2月25日）／『半導体、活気づく国内投資　需要増見込み、国も多額補助』（2023年7月6日）／『国内で半導体生産、米の危機感　TSMCに1兆円、補助金の国際競争激化』（2024年4月9日）

12 日本の宇宙開発

『民間ロケット「国内初」へ挑む　本州最南端から、あす打ち上げ　宇宙宅配便、世界で競争』（2024年3月8日）／『こうのとり、燃え尽きる　大気圏突入　任務成功率100％』（2020年8月22日）／『ISS、これからどうなる　こうのとり後継機、月探査支援へ　有人宇宙開発、大きく転換』（2020年5月28日）／『（なるほどハッケン　九州・山口）「赤道」に近い発射基地』（2018年11月3日）／『まるでミニイプシロン？　発射近づく民間ロケット、開発6年なぜ完成』（2024年3月9日）／『小さな2機、月面で偉業　SLIM画像を撮影・送信』（2024年2月10日）

13 認知症治療薬

『（記者解説）アルツハイマー病の新薬　早期での悪化抑制期待、慎重な検証を　編集委員・辻外記子』（2023年2月27日）／『コロナ後遺症、アルツハイマーのリスク　認知機能障害も、持続感染の影響か　海外で報告相次ぐ』（2023年12月27日）／『（いちからわかる！）認知症の症状とは？』（2023年9月21日）／『（いちからわかる！）アルツハイマー病、治療薬ができたの？』（2021年7月2日）／『アルツハイマー新薬、年298万円　レカネマブ、20日から保険適用』（2023年12月14日）／『アルツハイマー新薬、国内申請　新タイプ、年内承認めざす　エーザイ「レカネマブ」』（2023年1月17日）

14 物流危機

『長距離輸送、苦渋の撤退も　運転手の残業規制始まる　2024年問題、物流滞る恐れ』（2024年4月2日）／『（時時刻刻）運送業界、体質改善半ば　元請け優位、運賃言い値　「荷待ち」長引く拘束』（2024年4月2日）／『（いちからわかる！）トラック運転手の残業、なぜ規制が必要？』（2024年4月2日）／『無人輸送トラック網へ加速　来年度、新東名に自動運転用車線　政府方針』（2023年7月6日）

15 日本版ライドシェア

『自動運転、過疎地の足に　旧明宝村で国交省が実証実験』（2019年3月15日）／『《朝日新聞デジタル》一般ドライバーが自家用車で客を運送　ライドシェア本格スタート』（2024年4月21日）※写真のみ／『アプリ4時間押してもライドシェア乗れず　安全鑑みれば識者「当然」』（2024年4月8日）※写真とチャートのみ／『「日本版ライドシェア」始動、タクシー不足対策　まず東京や横浜など』（2024年4月8日）※写真のみ／『ライドシェア、4区域から　東京など来月以降』（2024年3月15日）／『小泉氏勉強会、背後に菅氏　来秋総裁選へ臆測も　ライドシェア』（2023年11月23日）

16　カスハラ

「カスハラさせない、意思表示　ローソン名札、イニシャルOK　警察通報、録音・録画…広がる対策」（2024年6月6日）／「カスハラ経験、企業の28%　従業員の相談、認定87%　厚労省調査」（2024年5月18日）／「（サザエさんをさがして）お客様は神様です　独り歩きの果て、カスハラも」（2024年1月27日）／『「カスハラ」対策、線引き悩む企業　介護業界・タクシー業界』（2022年5月23日）／『「カスハラ」防止、東京都が条例案　提出の方針』（2024年5月23日）／「（元気にキレイに）カスハラをしない　自覚せずクレームが過度に」（2024年1月27日）

第 3 章

17　SDGs って何?

『（2030　SDGsで変える）「新しいものさし」で考えよう』（2017年1月31日）／「（いちからわかる!）ESG投資という言葉、よく聞くね?」（2021年1月9日）／「（いちからわかる!）ビジネスと人権、国連が求める対応は」（2023年9月16日）／「SDGs Action!【SDGs 達成度ランキング】日本、2024年は世界18位に上昇　気候変動対策など最低評価」（2024年6月20日）／「アエラ　SDGsな生活にチェンジ　地球の未来を救う33の習慣」（2020年4月6日）

18　GDP 世界4位に転落

「（いちからわかる!）GDPって何?」（2024年2月16日）／「日本GDP、4位に転落　円安響きドイツ下回る」（2024年2月16日）／「（時時刻刻）転落、失われた30年の果て　日本の技術力、世界に後れ　GDP4位」（2024年2月16日）／『日本のGDP転落「実際は逆転起きず」　IMF報道官が見解』（2024年1月12日）

19　急成長するインド

「（時時刻刻）鬼門か、好機か　巨大市場インド」（2024年5月2日）／「（フロントライン　世界）インド、G20首脳宣言の裏側　開催直前に4カ国で独自案、欧米と中ロの間で存在感」（2023年10月15日）／「（インド新時代　14億+aの人材を取り込め:2）米国に450万人、政財界に浸透」（2024年3月27日）／「グローバル人材育てる、インド系インター　GIIS東京のマドゥ・カンナ校長に聞く」（2023年9月18日）／「（いちからわかる!）中国を抜き人口世界一、将来はどうなる?」（2023年7月4日）／「（経済トピック）スズキ社員、インド奮闘記」（2017年9月6日）／「（?ふしぎ探検隊）インド人街　江戸川区西葛西　来日技術者を支え発展」（2012年6月1日）／「クリケット、じわり日本に　「競技人口2位」五輪どこ吹く風　南アジアで大人気」（2015年7月11日）

20　中国の不動産バブル

『（崩れた不動産神話　変調の中国経済）「間もなく飢え死にする」嘆く公務員　不動産不況が襲う中国のリアル』（2023年12月4日）／『（崩れた不動産神話　変調の中国経済）4年で「2億平方メートル超が廃虚に」　中国、無数に並ぶ朽ちた洋館』（2023年12月5日）／『（崩れた不動産神話　変調の中国経済）「空き家は30億人分」中国、地方で過剰開発　暗すぎるマンション群』（2023年12月6日）／『（崩れた不動産神話　変調の中国経済）中国恒大なぜ生き残っている?習政権、「よく思ってない」が後ろ盾に』（2023年12月7日）／「（時時刻刻）中国リスク、世界注視　恒大、負債33兆円　一部の期限迫る」（2021年9月22日）／『朝日キーワード2025　曲がり角の中国経済　人口減少』（朝日新聞社）

21　地球沸騰の時代

「（そもそも?知りたい吉田くん）海の温暖化、生き物への影響は?　鷹の爪×朝日新聞」（2024年5月27日）／「漁獲量、過去最低　サンマ・サケ深刻」（2024年6月1日）／『朝日キーワード2025　地球沸騰の時代』（朝日新聞社）

第 4 章

22　チャットGPT

「〔新世AI〕AI、科学者を揺さぶる　ノーベル賞級、日常になるかも」（2024年5月26日）／「〔いちからわかる! ワイド〕AIの急速進化、可能性と懸念は?」（2023年5月18日）／「EU、AI包括規制法　世界初の成立　域外も適用へ」（2024年5月22日）／「米エヌビディア、時価3兆ドル超に　世界2位　2月に2兆ドル超え」（2024年6月7日）／『オープンAI「東京オフィス」、アジア初拠点　「日々200万人がチャットGPTに触れている重要市場」』（2024年4月16日）／「小さなAIつなぐ、大きな発想　巨大企業に対抗、競争に一石　「Sakana AI」」（2024年1月17日）／「〔記者解説〕AI　広がる未来、深まるリスク　誤答・雇用・軍事…規制づくり模索　編集委員・五十嵐大介」（2024年1月22日）

23　春闘って何?

『【そもそも解説】「春闘ってなに?」片田貴也』（2024年1月24日）／『そもそも解説「なぜ賃金上がらないの」中川透』（2023年1月26日）／『朝日キーワード2025「止まらない物価上昇」』（朝日新聞社）／『朝日キーワード2025「春闘賃上げ率、30年ぶり高水準に」』（朝日新聞社）／『朝日キーワード2024「ジョブ型雇用」』（朝日新聞社）

24　歪むふるさと納税

「〔記者解説〕ゆがむ、ふるさと納税　膨らむ経費、寄付拡大より弊害直視を　中島嘉克、宮田裕介」（2023年10月30日）／『景品過熱、「寄付」なら合法?　ふるさと納税仲介「3割還元」も』（2023年12月8日）／『ふるさと納税「黒船来襲」　アマゾン参入「うますぎる」　「お得」前向きの自治体も』（2024年3月12日）／「〔大阪インサイド〕熟成肉・精米、取り下げ　泉佐野市返礼品　地場産品基準、厳格化」（2023年10月6日）

25　不動産価格高騰の深層

「首都圏マンション、8100万円　東京23区は1億円超　平均価格」（2024年1月26日）※グラフも／「1ドル160円再来、34年前は1990年、円高不況からのバブル景気」（2024年5月3日）／「〔数字は語る〕1億1483万円　東京23区、新築マンション平均価格　タワマン人気で急上昇／神奈川県」（2024年3月12日）※写真も／「変動?固定?深まる悩み　住宅ローン上昇、影響は——」（2022年12月31日）

26　自動車の型式指定問題

『〔いちからわかる!〕「型式指定」の制度とは?取り消された場合は?』（2024年6月4日）／『〔時時刻刻〕不正の根、トヨタにも　会長「撲滅は無理」「完璧な会社じゃない」』（2024年6月4日）／『認証制度、国連基準あるのに　トヨタ「より厳しい条件で試験」と言うが　識者「日本だけ違ったらおかしい」』（2024年6月7日）／「〔わかる! ニュース@東海〕トヨタ自動車　スズキ・スバルと関係強化の理由は?」（2019年10月13日）／「電機業界、車事業に再編の波　三菱電機とアイシン、EV部品で新会社　本体からの切り離し加速」（2024年5月25日）

27　リニア中央新幹線

「リニア、地上最速に挑む　とんがり鼻、空気抵抗との闘い」（2015年1月4日）／「〔Re:お答えします〕リニアにはなぜ税金使われないの?」（2015年3月7日）／「〔短期決戦　24知事選〕リニア推進?歯止め?　水資源・生態系に課題」（2024年4月27日）／『〔360°〕我が町に新幹線、再び熱　全5ルート確定「次の計画決めるのでは」』（2017年12月18日）／『〔リニアを読み解く〕技術の源流:上　「新幹線の次」見据えて　中・下も』（2021年5月10日）

［著者］

「鷹の爪」吉田くん（本名：吉田 "ジャスティス" カツヲ）

「鷹の爪」の戦闘主任・怪人製造主任。かなりいい加減で、自由奔放。総統に忠誠心があるのか疑わしいが、いざという時には頼りになる男。島根県吉田村（現・雲南市）出身で、島根を愛している。「このままでは日本はおろか、島根まで未来が不安！」と一念発起、新聞記者になる。「記者になれば、最新のいろんな情報をキャッチできて、世界征服にも役に立つ」という野望を秘めて。

［漫画、イラスト］

FROGMAN

「秘密結社 鷹の爪」シリーズの監督・脚本・キャラクターデザイン・録音・編集・声など担当。

［構成ライター］

上栗崇（かみぐり・たかし）

朝日新聞社ＩＰ事業部ビジネスディレクター。朝日新聞デジタルで連載中の時事アニメ「そもそも？知りたい吉田くん」担当。1999年朝日新聞社に入り、宇都宮総局、北埼玉支局を経て、15年間経済部記者を務める。電機業界、金融業界、通信業界、自動車業界、ＩＴ・ゲーム業界、建設業界、航空・運輸業界、放送業界、財務省、金融庁、経産省、国交省、総務省などを担当。2018年からAERA副編集長、2021年から現職。

「鷹の爪」の吉田くんが聞く！
経済ニュースと時事用語がめちゃくちゃわかる本

2024年11月5日　第1刷発行

著　者──「鷹の爪」吉田くん
漫画、イラスト──FROGMAN
構成ライター──上栗崇
発行所──ダイヤモンド社
　　　　　〒150-8409　東京都渋谷区神宮前6-12-17
　　　　　https://www.diamond.co.jp/
　　　　　電話／03・5778・7233（編集）　03・5778・7240（販売）

装丁・本文デザイン──鈴木大輔（ソウルデザイン）
本文DTP──中井辰也
校正───聚珍社
製作進行──ダイヤモンド・グラフィック社
印刷───ベクトル印刷
製本───ブックアート
編集協力──坪井賢一
編集担当──土江英明

©2024　朝日新聞社／DLE
ISBN 978-4-478-12038-5
落丁・乱丁本はお手数ですが小社営業局宛にお送りください。送料小社負担にてお取替えいたします。但し、古書店で購入されたものについてはお取替えできません。
無断転載・複製を禁ず
Printed in Japan